大展好書 好書大展

大展好書 好書大展

命理與預言 58

12星座論愛情

童筱允／編著

大展 出版社有限公司

前　言

占星術是為了帶來幸福而產生的，經過好幾個世紀傳承下來。如果只依賴占卜結果，不能靈巧活用的話，那就一點意義都沒有。

例如，喜歡上一個人的時候，即使占卜結果再怎麼差，你對這個人的感情也不會有改變。因此，如果適合度不佳，則可以先了解對方的個性，然後拿出勇氣接近他。盡過全力就不會後悔。

在漫漫人生中，會出現幾個要你做抉擇的時刻，這時若能活用占卜，使你的人生走向幸福，我將十分榮幸。

以下內文的符號代表意義如下：

◉＝好的適合度

◎＝普通的適合度

○＝不努力就無法長久持續的適合度

△＝不好的適合度

×＝有心結而不可能重修舊好的適合度

目錄

第一章 你知道自己的「命運」嗎？

白羊座
・你的命運性格……一四
・你的人際關係……一四
・你的星座適合度……一五
・你將來的工作……一六
・你的金錢觀……一六
・你的健康……一七
・你的幸運物……一七
金牛座
・你的命運性格……一八
・你的人際關係……一八
・你的星座適合度……一九
・你將來的工作……二〇
・你的金錢觀……二一
・你的健康……二一
・你的幸運物……二一
雙子座
・你的命運性格……二三
・你的人際關係……二三
・你的星座適合度……二三
・你將來的工作……二四
・你的金錢觀……二四
・你的健康……二五
・你的幸運物……二五
巨蟹座

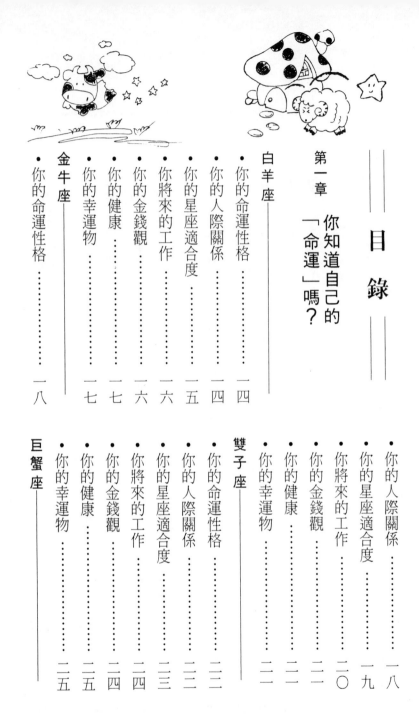

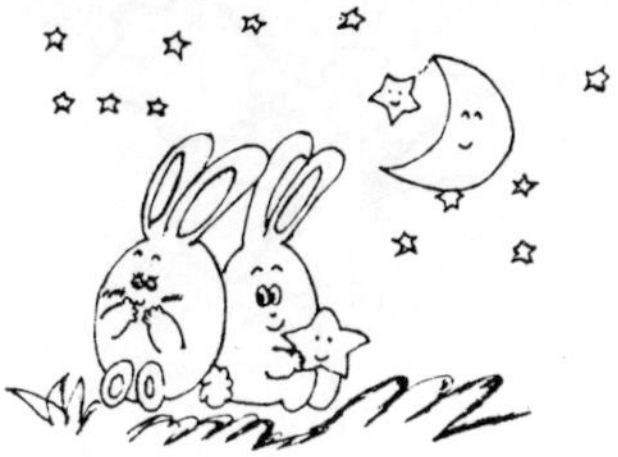

- 你的命運性格……二六
- 你的人際關係……二六
- 你的星座適合度……二七
- 你將來的工作……二八
- 你的金錢觀……二八
- 你的健康……二九
- 你的幸運物……二九

獅子座

- 你的命運性格……三〇
- 你的人際關係……三〇
- 你的星座適合度……三一
- 你將來的工作……三二
- 你的金錢觀……三三
- 你的健康……三三
- 你的幸運物……三三

處女座

- 你的命運性格……三四
- 你的人際關係……三四
- 你的星座適合度……三五
- 你將來的工作……三六
- 你的金錢觀……三七
- 你的健康……三七
- 你的幸運物……三七

天秤座

- 你的命運性格……三八
- 你的人際關係……三八
- 你的星座適合度……三九
- 你將來的工作……四〇
- 你的金錢觀……四〇
- 你的健康……四一

•你的幸運物……………………四一
天蠍座
•你的命運性格………………四二
•你的人際關係………………四二
•你的星座適合度……………四三
•你將來的工作………………四四
•你的金錢觀…………………四四
•你的健康……………………四五
•你的幸運物…………………四五
射手座
•你的命運性格………………四六
•你的人際關係………………四六
•你的星座適合度……………四七
•你將來的工作………………四八
•你的金錢觀…………………四八
•你的健康……………………四九
•你的幸運物…………………四九
摩羯座
•你的命運性格………………五〇
•你的人際關係………………五〇
•你的星座適合度……………五一
•你將來的工作………………五二
•你的金錢觀…………………五二
•你的健康……………………五三
•你的幸運物…………………五三
水瓶座
•你的命運性格………………五四
•你的人際關係………………五四
•你的星座適合度……………五五
•你將來的工作………………五六

‧你的金錢觀……五六
‧你的健康……五七
‧你的幸運物……五七

雙魚座

‧你的命運性格……五八
‧你的人際關係……五八
‧你的星座適合度……五九
‧你將來的工作……六〇
‧你的金錢觀……六〇
‧你的健康……六一
‧你的幸運物……六一

第二章　對你而言，他是「永遠的人」嗎？

白羊座

‧你的戀愛模式……六四
‧建議約會場所……六四
‧你的分手模式……六四
‧你的婚姻模式……六五
‧你的星座戀愛適合度……六五
‧你的星座婚姻適合度……六七
‧外遇行爲……六九

金牛座

‧你的戀愛模式……七一
‧建議約會場所……七一
‧你的分手模式……七一
‧你的婚姻模式……七二
‧你的星座戀愛適合度……七二
‧你的星座婚姻適合度……七四
‧外遇行爲……七六

雙子座

•你的戀愛模式……七八
•建議約會場所……七八
•你的分手模式……七八
•你的婚姻模式……七九
•你的星座戀愛適合度……七九
•你的星座婚姻適合度……八一
•外遇行爲……八三

巨蟹座

•你的戀愛模式……八五
•建議約會場所……八五
•你的分手模式……八五
•你的婚姻模式……八六
•你的星座戀愛適合度……八六
•你的星座婚姻適合度……八八
•外遇行爲……八九

獅子座

•你的戀愛模式……九二
•建議約會場所……九二
•你的分手模式……九二
•你的婚姻模式……九三
•你的星座戀愛適合度……九三
•你的星座婚姻適合度……九五
•外遇行爲……九六

處女座

•你的戀愛模式……九九
•建議約會場所……九九
•你的分手模式……九九
•你的婚姻模式……一〇〇
•你的星座戀愛適合度……一〇〇

•你的星座婚姻適合度……一〇二
•外遇行爲……一〇三

天秤座

•你的戀愛模式……一〇五
•建議約會場所……一〇五
•你的分手模式……一〇五
•你的婚姻模式……一〇六
•你的星座戀愛適合度……一〇六
•你的星座婚姻適合度……一〇八
•外遇行爲……一〇九

天蠍座

•你的戀愛模式……一一二
•建議約會場所……一一二
•你的分手模式……一一二
•你的婚姻模式……一一三
•你的星座戀愛適合度……一一三
•你的星座婚姻適合度……一一五
•外遇行爲……一一六

射手座

•你的戀愛模式……一一九
•建議約會場所……一一九
•你的分手模式……一一九
•你的婚姻模式……一二〇
•你的星座戀愛適合度……一二〇
•你的星座婚姻適合度……一二三
•外遇行爲……一二四

摩羯座

•你的戀愛模式……一二六
•建議約會場所……一二六
•你的分手模式……一二六

•你的婚姻模式……一二七
•你的星座戀愛適合度……一二七
•你的星座婚姻適合度……一二九
•外遇行爲……一三〇

水瓶座

•你的戀愛模式……一三三
•建議約會場所……一三三
•你的分手模式……一三三
•你的婚姻模式……一三四
•你的星座戀愛適合度……一三四
•你的星座婚姻適合度……一三六
•外遇行爲……一三八

雙魚座

•你的戀愛模式……一四〇
•建議約會場所……一四〇
•你的分手模式……一四〇
•你的婚姻模式……一四一
•你的星座戀愛適合度……一四一
•你的星座婚姻適合度……一四三
•外遇行爲……一四五

第三章　你要如何和周圍的人靈活交往？

白羊座

•和同性的適合度……一四八
•和前輩、晚輩的適合度……一四八

金牛座

•和同性的適合度……一五四
•和前輩、晚輩的適合度……一五四

雙子座

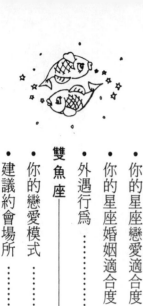

・和同性的適合度……………一六〇
・和前輩、晚輩的適合度……一六〇

巨蟹座

・和同性的適合度……………一六五
・和前輩、晚輩的適合度……一六五

獅子座

・和同性的適合度……………一七〇
・和前輩、晚輩的適合度……一七〇

處女座

・和同性的適合度……………一七五
・和前輩、晚輩的適合度……一七五

天秤座

・和同性的適合度……………一八〇
・和前輩、晚輩的適合度……一八〇

天蠍座

・和同性的適合度……………一八五
・和前輩、晚輩的適合度……一八五

射手座

・和同性的適合度……………一九〇
・和前輩、晚輩的適合度……一九〇

摩羯座

・和同性的適合度……………一九五
・和前輩、晚輩的適合度……一九五

水瓶座

・和同性的適合度……………二〇〇
・和前輩、晚輩的適合度……二〇〇

雙魚座

・和同性的適合度……………二〇五
・和前輩、晚輩的適合度……二〇五

第一章

你知道自己的「命運」嗎

◎白羊座＝	3月21日～ 4月19日
◎金牛座＝	4月20日～ 5月20日
◎雙子座＝	5月21日～ 6月21日
◎巨蟹座＝	6月22日～ 7月22日
◎獅子座＝	7月23日～ 8月22日
◎處女座＝	8月23日～ 9月22日
◎天秤座＝	9月23日～10月23日
◎天蠍座＝	10月24日～11月22日
◎射手座＝	11月23日～12月21日
◎摩羯座＝	12月22日～ 1月19日
◎水瓶座＝	1月20日～ 2月18日
◎雙魚座＝	2月19日～ 3月20日

白羊座

☆你的命運性格

無論碰到任何困難，都會往前進，具有非常強的行動力，不喜歡固定下來，非常喜歡冒險。

具有強烈的競爭心、鬥爭心，經常都是精力充沛、勇往直前。

具有抑強扶弱的正義感，能得到周圍人的信賴，是一位領導者。

☆你的人際關係

由於有強烈的競爭心、鬥爭心，容易剛愎自用，獨自一人往前進。請務必切記，這會造成別人的誤會。

對於任何事情都非常積極，這也容易招致他人的誤解。獨斷獨行會讓人覺得你缺乏耐心，自以爲是。有時候會對他人有過分的要求，這時要反省一下，

是不是太缺乏耐心了。

☆你的星座適合度

白羊座 ◉ 同樣是鬥爭心非常強的白羊座，遇到意見不同時，會激烈對立，但如果能接納彼此的想法，就能成爲很好的朋友。

金牛座 ○ 和不容易相處的金牛座在一起，必須多花一點時間，要有耐性。

雙子座 ◉ 雙子座非常活潑具社交性。兩個星座都很喜歡聊天，彼此很合適。不過注意要成爲對方的良好聽衆。

巨蟹座 × 巨蟹座感情很豐富，具行動力。很容易打擊到對方的負面，要得到對方具深度的理解不太容易。勉強是禁忌。

獅子座 ◎ 彼此擁有共同的興趣，所以有共同的話題。工作上能互相幫助。

處女座 △ 處女座個性內斂，而且非常矜持，因此會採取強烈的態度，導致負面影響。

天秤座 ◎ 天秤座非常重視禮儀和美。不要表現出粗野或不禮貌的態度。

天蠍座 △ 天蠍座心思很深。要小心自己的言行舉止，以免招致誤解。

射手座 ◎ 大而化之的射手座。彼此能自然地聊天，成為志趣相投的朋友。

摩羯座 × 在明朗、活潑的表面有另一面，根本上兩者是不同的，所以無法好好相處。

水瓶座 ◎ 水瓶座很容易和別人交朋友。採取在團體中交往的方式，可以融洽相處。

雙魚座 ○ 和非常浪漫的雙魚座在一起，注意不要破壞情調，尤其必須注意自己所說的話。

☆你將來的工作

適合充滿活力的工作。

例如，媒體、傳播公司的工作，像播報員或採訪員。

此外，還有推銷員、營業員、演員、運動選手等。

☆你的金錢觀

可以說是浪費家。很少對事情細心思考就花錢，等注意到時，手頭上已沒錢了。要有目的地儲蓄，決定目標額度。

☆你的健康

白羊座主宰頭、腦、臉，所以很容易頭痛、頭部受傷，或出現和腸相關的疾病，要注意。

☆你的幸運物

- 花——雛菊、鬱金香
- 顏色——黃、紫、紅
- 寶石——鑽石、紅寶石
- 方位——東
- 幸運日——9日、18日、27日
- 星期別——星期二
- 幸運數字——9
- 財運、工作運高峰期——27歲、36歲、45歲、63歲

金牛座

☆你的命運性格

對任何事情都非常仔細，不草率，隨自己的步調行事。有很強的忍耐力，有時過於慎重，花了很長的時間，但是的確是按部就班往前進的努力家。

具非常優異的美感，可在藝術方面一展長才。

非常內向，性情溫厚，讓周圍的人感到安心。

☆你的人際關係

非常穩重，會受到他人喜愛。缺點是步調較慢。

非常內向，較不積極，但一旦開始交往，就是誠實而能長久持續的友情。

此外，交朋友得要多花一點時間。

☆你的星座適合度

白羊座 ○ 精力充沛的白羊座，和非常謹慎、注重自我步調的你，很難融洽相處，保持一點距離較好。

金牛座 ◎ 星座相同，性格與對事情的看法都較能彼此認同，有許多共同點，非常適合。

雙子座 × 和比較情緒化、沒有耐性的雙子座在一起，若能有閒聊的機會，也有可能開出一條路。

巨蟹座 ◎ 非常照顧人的巨蟹座，和內向、優閒的你在一起，會漸漸成爲很好的朋友。

獅子座 △ 面對行動派的獅子座，你會覺得很難交往。

處女座 ◉ 這是必須花時間交朋友的類型。一旦了解，就是最值得信賴的朋友。

天秤座 △ 天秤座有很好的品味，若能拓展彼此的共同點，可以成爲好朋友。

天蠍座　◎　彼此很合適。一旦彼此認同了，隨著時間兩人友情會更加深厚。

射手座　×　可能會引發金錢上的問題和危險，最好不要有借貸關係。

摩羯座　◉　都是努力型的人，也注重自我步調，可說有如兄弟一般，可以親近交往。

水瓶座　○　和有時候非常古怪的水瓶座在一起，若沒深入交往，愼重派的你可能會與之反目。

雙魚座　◎　在藝術方面有共同點，所以有共同的話題。如果交往，可以成爲夥伴。

☆你將來的工作

你是非常努力、執著的類型，適合長時間、能發揮美感長才的工作。

例如，美術設計師、畫家、音樂家，以及與處理花相關的工作。

此外，金融、不動產方面的工作也很合適。

☆你的金錢觀

對儲蓄非常在行，不會浪費。

☆你的健康

喜歡吃，容易罹患腎臟、胰臟疾病。

此外，金牛座的星座支配頸部、喉嚨、甲狀腺，要小心扁桃腺炎等。

☆你的幸運物

- 花——玫瑰、小蒼蘭、水仙
- 顏色——藍、粉紅
- 寶石——藍寶石、祖母綠
- 方位——東北東
- 幸運日——6日、15日、24日
- 星期別——星期五
- 幸運數字——6
- 財運、工作運高峰期——24歲、42歲、51歲、60歲

雙子座

☆你的命運性格

好奇心旺盛，頭腦非常靈活，任何事情都能依照自己的步調進行，一想到什麼，就馬上行動。

不過，相反地，很容易就放棄，沒有耐性。對任何事情都易冷易熱。

性情活潑，富社交性，周圍有很多朋友。雖然外表看起來既開朗又華麗，但其實很神經質，因爲容易自覺到這點，所以頗爲困擾。

☆你的人際關係

你非常活潑開朗，朋友很多，但都只是淺交。這使得別人眼中的你顯得八面玲瓏。

此外，你忽冷忽熱的性格，讓人有輕率的感覺。有時候必須考慮到對方的想法，深入地思考。

☆你的星座適合度

白羊座 ◎ 積極性和行動力是二者的共同點，所以很自然就會互相接近。

金牛座 × 大致上，你們的步調不合。最初會覺得對方拖拖拉拉的，必須稍微配合對方的步調。

雙子座 ◎ 感覺非常吻合，能了解彼此的困擾，相處融洽。

巨蟹座 △ 你較喜歡淡泊的交往方式，巨蟹座喜歡照顧人的性格，會使你感到有壓力，最好採取團體交往的方式。

獅子座 ● 處於領導地位的獅子座，對於有時在工作上有所懈怠的你，會予以支持，這樣就會拉近距離。

處女座 △ 非常謹慎、有潔癖的處女座，不習慣你不拘小節的行徑，你們的相處只是平行線。

天秤座 ◎ 天秤座很容易交談、也很能傾聽，即使只是簡單的交談，也能使你安心，繼而成爲朋友。

天蠍座 × 天蠍座心思較深，性格愼重，若要勉強配合其步調，可能會有問題。

射手座 ◎ 射手座非常開朗開放，你們的適合度很高。但物質或金錢上的借貸必要小心，最好馬上償還。

摩羯座 ○ 摩羯座喜愛孤獨，行動步調上可能很難配合，會造成困擾。你必須能夠使對方避免焦慮，配合其步調。

水瓶座 ◎ 如果做爲朋友而交往，馬上就能融洽相處。

雙魚座 ○ 在各方面可能會有競爭意識，所以要避免過度交往，必須冷靜。

☆你將來的工作

具強烈好奇心，又有良好的行動力，很適合當新聞記者、作家、播報員等。

除此之外，像是旅行或和旅遊有關的職業，也能發揮雙子座的特性。

☆你的金錢觀

喜歡自己的生活，而且重視自己的興趣，在不考慮值得與否的情況下，一再花錢，最後乍然發現手頭上沒什麼錢了。

具賭博才能，應該好好利用，多加儲蓄。

☆你的健康

在開朗、開放的外表下，頗爲神經質的雙子座，要注意不能有過多壓力。

必須注意呼吸系統、神經系統。

☆你的幸運物

- 花——鈴蘭、繡球花、玫瑰
- 顏色——檸檬黃、淺藍
- 寶石——土耳其石、祖母綠
- 方位——北北東
- 幸運日——5日、14日、23日
- 星期別——星期三
- 幸運數字——5
- 財運、工作運高峰期——23歲、32歲、41歲、50歲、59歲

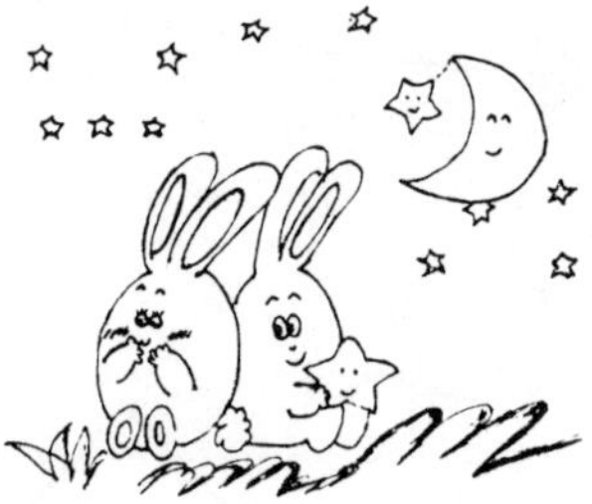

巨蟹座

☆你的命運性格

十分感性，熱愛藝術，是喜怒哀樂激烈的類型。

人情豐厚，喜歡照顧別人，但反過來，有時相當情緒化，可說是感情走在理智前面的人。

具母性性格，對自己喜歡或尊敬的人，會做出獻身的舉動。

大多給人「居家的人」的印象。

☆你的人際關係

對周圍的人十分體貼，令人覺得溫暖，所以人緣很好。

不過，因爲很喜歡照顧人，會採取獻身的態度，有時讓人覺得多管閑事。

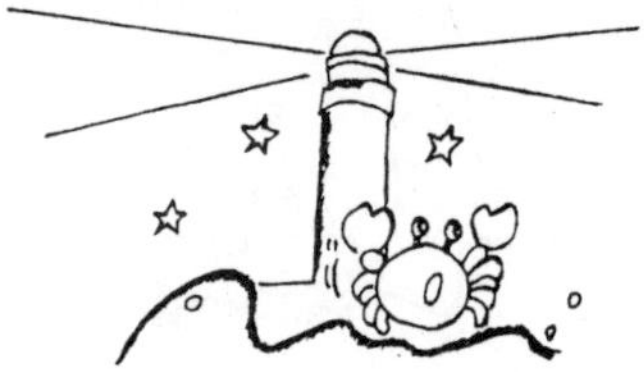

☆你的星座適合度

白羊座 × 二者皆有喜歡照顧他人的一面。彼此都爲對方做事，反而會得到不好的結果。

金牛座 ◎ 金牛座較樸實，對想照顧人的你來說，會更想去照顧他。

雙子座 △ 彼此都較情緒化，所以要多注意。最好把注意力放在彼此的興趣上。

巨蟹座 ◉ 兩個感情豐富的巨蟹座在一起，很快就意氣相投。

獅子座 △ 二者皆有任性的一面，很容易就情緒化。必須能夠努力理解對方。

處女座 ◎ 處女座非常內向、纖細，必須注重其個性，兩人之間才能建立起信任的關係。

天秤座 × 天秤座不喜好競爭，言行舉止都具美感。要注意不可過於感情用事。

天蠍座 ◉ 和沈默的天蠍座在一起，會讓你感到輕鬆。

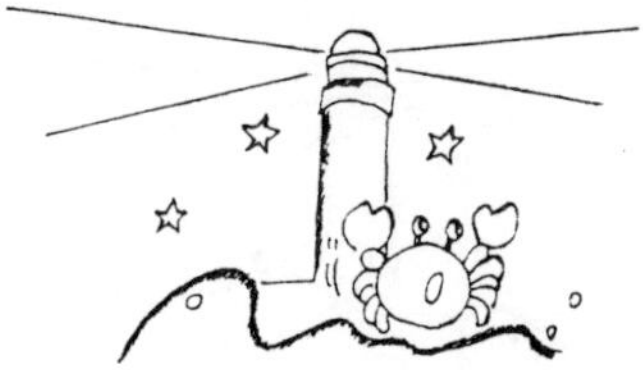

射手座 ○射手座行動自由開放，在巨蟹座眼中看來，則相反的是過於炫目的人。別過於拘泥小節。

摩羯座 ◉摩羯座是純樸的努力家。雖不重視時髦，也可得到良好評價。關係穩定。

水瓶座 ○如果水瓶座的人找你談話，對方的秘密要守口如瓶。要建立好信賴關係。

雙魚座 ◉非常率直、喜歡撒嬌的雙魚座若和喜歡照顧人、很體貼的巨蟹座在一起，是很合適的對象，可深入交往。

☆你將來的工作

喜歡照顧人、具強烈母性的巨蟹座適合當保母、幼稚園老師。

除此之外，料理家、室內設計師等也很適合。

☆你的金錢觀

花費少，很會儲蓄。

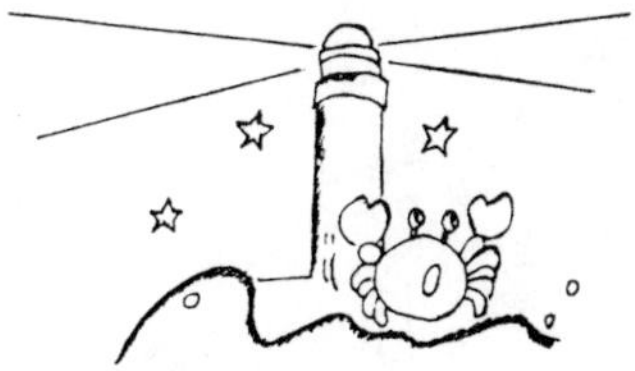

但和人交往也很重要，這時就要使用到錢。如此反而會帶來財運。

☆你的健康

巨蟹座支配胃、食道、肝、乳房。特別要注意胃。

此外，別太粗心大意，要注意容易肥胖的體質。

☆你的幸運物

- 花——夜來香、鳶尾、百合
- 顏色——白、銀白
- 寶石——珍珠、銀、白金類
- 方位——北
- 幸運日——2日、11日、20日、29日
- 星期別——星期一
- 幸運數字——2
- 財運、工作運高峰期——29歲、38歲、47歲、56歲

獅子座

☆你的命運性格

具獨立心和強烈的向上心，而且非常熱情。外表華麗，性情外向，引人矚目。

富領導才能，有吸引周圍人群的力量，是團體的中心人物。在活潑開朗的反面，令人意外地非常浪漫。同時也害怕寂寞。

☆你的人際關係

常想要成爲團體裡的中心人物，行動易以自己爲中心。活動力強易於得到他人認可，但反過來說，隨著對象的不同，有時會給人任性的印象。

最重要的是，要努力體貼對方。

☆你的星座適合度

白羊座 ◎ 兩者皆是自我中心的類性，有時候相互退讓是必要的。

金牛座 △ 踏實的金牛座和時髦的獅子座在一起，一開始會以爲非常相合，但後來就知道不是這麼回事。

雙子座 ● 具社交性的雙子座與華麗外向的獅子座個性上十分相配，但最好不要一直膩在一起。

巨蟹座 △ 和喜歡照顧人的巨蟹座在一起，最重要的是要能坦然接受他的親切的體貼。

獅子座 ◎ 彼此都想受人矚目，一開始會格格不入，但只要能有互相幫助的心態，就能接受對方。

處女座 × 處女座警戒心強，對喜歡引人注目的獅子座易生不滿之心。兩者格格不入。

天秤座 ◎ 喜歡排場和一流享受的獅子座，想和高雅、帥氣的天秤座交往時，若能找到共同點，就會相談甚歡。

天蠍座 ○ 非常沈靜的天蠍座有時會感情爆發，所以獅子座要注意，別太過以自我爲中心。

射手座 ◎ 射手座非常大而化之，要注意不要對他用命令的口氣說話。

摩羯座 ○ 摩羯座較爲純樸，雖會爲時髦的獅子座所吸引，但最後仍是無法接受。

水瓶座 ◎ 水瓶座以自己的步調行事，缺乏協調性，若能對這個缺點稍微讓步，加以接受，則兩者善於交際的特性就可互補。

雙魚座 × 雙魚座較敏感，易爲小事引發大問題，所以交往時要保持距離。

☆你將來的工作

要好好發揮易引人矚目的才能，如演藝人員、模特兒，最適合從事和傳播媒體相關的工作。

此外，也可選擇可發揮領導特性的工作，如餐廳經營、學校經營方面。

☆你的金錢觀

獅子座喜歡華麗，在服裝和娛樂方面非常奢侈，很可能因過度而導致失敗。

☆你的健康

獅子座的星座支配心臟、背部、動脈、眼睛，平常要注意心臟是否負擔過度。還要注意高血壓。

☆你的幸運物

- 花——向日葵、木蘭
- 顏色——橘、深紅、棣棠花色
- 寶石——紅寶石、紅瑪瑙
- 方位——北北西
- 幸運日——1日、10日、28日
- 星期別——星期日
- 幸運數字——1
- 財運、工作運高峰期——28歲、30歲、37歲、46歲、55歲、64歲

處女座

☆你的命運性格

感受細膩，容易受傷，是神經纖細的類型。

非常謹慎，不允許失敗發生，是完美主義者。具敏銳的分析能力，不喜歡拐彎抹角，有潔癖，批判力旺盛。

此外，也有羅曼蒂克的一面。

☆你的人際關係

非常內向纖細，具強烈警戒心，很難對別人敞開心胸。

不過，一旦信任對方，就能長期交往。

要注意的是，對他人採批判眼光，可能容易對他人過分嚴厲。

☆你的星座適合度

白羊座 △ 白羊座具強烈競爭性，要避免不必要的干涉，否則易於引發對方的競爭意識。

金牛座 ◎ 金牛座性格穩重，彼此可成爲交談夥伴。但別太過分要求對方。

雙子座 △ 面對雙子座，會覺得其外表不錯，但舉動略嫌「輕率」。一旦這麼認爲，就無法長期交往。

巨蟹座 ◎ 過於追求完美的你，是否有點固執?若是無法稍微緩和自己的意念，就會造成彼此的隔閡。

獅子座 × 和非常時髦外向的獅子座相較，二者的想法完全不同，要理解彼此很不容易。才剛交往就沒下文了。

處女座 ◉ 彼此有同樣的感覺，交往起來不會覺得疲憊，但若交往過深，可能會發生干擾。

天秤座 ○ 面對優柔寡斷的天秤座，要能努力地去了解他。若有所不順，不能一味責怪對方。

天蠍座 ◉ 非常合適。面對沈默的天蠍座，絕不可使用批判性言詞去刺傷。

射手座 ○ 射手座活動性很強，處女座較無法配合其步調。不要怕受傷，要努力接受對方。

摩羯座 ◉ 摩羯座非常謹愼認眞，是值得信賴的對象。即使吵架也能很快和好。

水瓶座 × 有點古怪的水瓶座和頗纖細的處女座實在很不適合。除非必要，否則不要接近。

雙魚座 ◎ 兩者同樣都非常羅曼蒂克，很容易情投意合，融洽相處。必須避免刺激對方的感情。

☆你將來的工作

最適合必須具分析能力的工作、必須具纖細神經的工作。

例如，秘書、教師、護士等最適合。此外，處理寵物的工作也很好。

☆你的金錢觀

不管對什麼事，都非常謹愼認眞，對金錢管理也很仔細，不會浪費。在興趣和休閒上，有時要懂得用錢。

☆你的健康

因爲常用神經，所以要多注意胃腸。你的星座支配胰臟和卵巢，這方面要多注意。

☆你的幸運物

- 花——鈴蘭、波斯菊、薰衣草
- 顏色——米色、灰色、鈷藍
- 寶石——石榴石、藍寶石
- 方位——西北西
- 幸運日——5日、14日、23日
- 星期別——星期三
- 幸運數字——5
- 財運、工作運高峰期——32歲、41歲、50歲、59歲

天秤座

☆你的命運性格

禮儀端正，性喜調和，不喜競爭，頗爲冷靜。

反過來說，則是不夠積極，欠缺勇氣與決斷力，此爲負面性格。

具優異的美感，非常時髦帥氣。此外，很會說話，也善於聆聽，是團體中的協調高手。

☆你的人際關係

和大多數的人都相處得很好，易被認爲是八面玲瓏的人。

要盡量避免競爭，但有時會出現優柔寡斷的情形。事實上強硬的態度是不可或缺的。

☆你的星座適合度

白羊座 ◎ 凡事積極的白羊座是你應該學習的對象。

金牛座 △ 如果不能認同金牛座步調緩慢的優點，可能會面臨到最糟的絕交狀況。

雙子座 ◎ 雙子座具社交性的性格和善於交際的你，在工作和玩樂上可說是一拍即合。

巨蟹座 × 巨蟹座非常情緒化，兩者不太合適，絕不可有金錢借貸上的接觸。

獅子座 ◎ 擁有領導才能的獅子座，對欠缺決斷力的天秤座來說，是最佳模倣對象。二者會成爲彼此信賴的對象。

處女座 ○ 非常仔細謹愼、追求完美的處女座，一旦注意到天秤座馬馬虎虎的個性時，就無法與之深入交往。

天秤座 ◉ 彼此都很時髦，可以談談關於時裝方面的話題，但別觸及品味問題。

天蠍座 ○ 天蠍座很重視和別人的交往，其善嫉會令人感到辛苦，交往最好保持距離。

射手座 ◎ 要能夠自我思考判斷，否則很容易陷入對方的步調之中。

摩羯座 × 對方的優點要多加褒獎，這樣較容易交往。

水瓶座 ◎ 對方有困難時，要立刻伸出援手。

雙魚座 △ 遇到纖細的雙魚座，別忘了要多體貼，那麼就能順利地交往。

☆你將來的工作

適合從事能發揮社交性和美感的工作。

例如：設計師、美容師、化妝品或飾品的工作，還有藝術家。

☆你的金錢觀

冷靜的天秤座不會過度浪費，懂得善加儲蓄。

財運不斷，儲蓄應該不少。

☆你的健康

天秤座的星座支配腰和腸，所以要注意腰痛、坐骨神經痛。

此外，其體質較易罹患感冒，平常就要多加注意。

☆你的幸運物

- 花——玫瑰、滿天星
- 顏色——淡藍、粉紅、深藍
- 寶石——蛋白石、貓眼石
- 方位——西
- 幸運日——6日、15日、24日
- 星期別——星期五
- 幸運數字——6
- 財運、工作運高峰期——27歲、33歲、42歲、51歲、60歲

天蠍座

☆你的命運性格

內心隱藏著激烈的熱情，外表很難看得出來，給人沈靜的印象。

喜歡秘密，性格愼重，心思深細。只要訂定目標，就會以堅強意志力達成，不會中途退卻，會以不屈不撓的精神保衛自己的信念。

隱藏自己的內心，有很強的嫉妒心，這是天蠍座的特徵。

☆你的人際關係

秘密主義、沈默的外表給人閉鎖的印象，不易將眞心傳達給他人，容易招致周圍人的誤解。

只要敞開心胸，就會全心全意對待對方。一旦被背叛，就會產生恨意。

☆你的星座適合度

白羊座 △ 雖然意氣相投，但絕不可指責對方的缺點。

金牛座 ◎ 面對樸實且注重自我步調的金牛座，一開始可能會有摩擦，但經過一段時間，就能彼此認同。

雙子座 × 在天蠍座眼中，雙子座是輕率的人。不要過分警戒，要能慷慨接受對方。

巨蟹座 ◎ 雖說巨蟹座常有過於情緒化的態度，但一般說來，彼此說話投機，易於理解。

獅子座 ○ 獅子座確實較時髦，有時也吹毛求疵，但有困難時，對方也會給予幫助。

處女座 ◉ 擁有許多共同點，是能立即交往的對象。但必須眞心交往。

天秤座 ○ 相對於凡事放在心裡的天蠍座，天秤座太富社交性，兩者無共同話題，彼此不感興趣，是兩條平行線。

天蠍座 ◎ 一開始可能有一點不合，但最後彼此會產生信賴感。

射手座　×對開放的射手座而言，忽冷忽熱易令其疲憊。談話時，最好能將自己的想法清楚傳達給對方。

摩羯座　◎兩者都是較沈默的類型。若能認識到對象的優點，就能順利交往。

水瓶座　△一有壓力就不想讓對方好受，這是不行的。

雙魚座　◉雙魚座非常體貼，和這樣的人在一起會讓你非常舒服，彼此能保持良好關係。

☆你將來的工作

能發揮天蠍座優異的觀察力、忍耐力的工作，例如醫師、大學研究員、會計師、偵探、調查員等。

☆你的金錢觀

天蠍座的人對金錢比別人有高一倍的執著心，要小心金錢方面的糾紛。

☆你的健康

天蠍座的星座支配泌尿系統、生殖器官，必須注意腎臟病、膀胱炎等。偶爾會荷爾蒙失調，要注意。

☆你的幸運物

•花——菊花、茶花、蘭花
•顏色——暗紅、鮮紅
•寶石——紅寶石、蛋白石、孔雀石
•方位——西南西
•幸運日——10日、20日、30日
•星期別——星期二
•幸運數字——0
•財運、工作運高峰期——28歲、30歲、40歲、46歲、55歲

射手座

☆你的命運性格

性格明亮開放，崇尚自由奔放，不喜歡束縛，也不會去束縛他人。具強烈好奇心，沒耐心，有不先思考就付諸行動的傾向。熱情的反面，是忽冷忽熱、欠缺耐性的熱情。

☆你的人際關係

開朗不拘泥的性格和任何人都能順利交往。感情方面，能坦率地表現，但很容易傷害到對方。沒耐性會造成負面影響。

☆你的星座適合度

白羊座 ◎ 面對具豐沛行動力的對象，坦率地表達出自己的意思較好。

金牛座 × 優閒類型的金牛座和沒有耐性的射手座很難相處，必須配合對方步調才行。

雙子座 ◎ 一旦引發競爭意識，就無法融洽相處。不要說出刺傷對方的話。

巨蟹座 ○ 對感情非常重視的巨蟹座，碰上不經思考就行動的射手座，有許多不同的差異，相處起來會很累。

獅子座 ◉ 兩者都是開朗、富行動力的人，容易交往。但若興趣不同，則易造成負面影響。

處女座 ○ 和容易受傷、纖細的處女座在一起，必須注意其感覺。會刺傷他人的話語要節制一點。

天秤座 ◎ 面對言行非常嚴謹的天秤座，舉止不要太隨便，要以柔和的心與其相處。

天蠍座 × 面對心思慎重深細的天蠍座，你的言行舉止很容易引起對方誤

解。

射手座 ◎ 在感性上兩者非常吻合，不說出來也能彼此了解，能保持良好關係。

摩羯座 △ 面對樸實、注重自我步調的摩羯座，若急於下結論，可能無法和對方交心。

水瓶座 ● 水瓶座很重視朋友。絕不要在團體中批判朋友。

雙魚座 △ 面對驕寵的雙魚座，你有時會感到十分沈重，想要逃開。

☆你將來的工作

對好奇心旺盛的射手座而言，和旅行、出版、寫作相關的工作最適合。稍微不一樣的，如宗教家、哲學家這條路也可以。

☆你的金錢觀

對金錢幾乎毫無執著心，有時會使用過度，不關心儲蓄。最好要有目的地儲蓄。

☆你的健康

射手座的星座支配肝臟、大腿、運動神經，喝酒要適量。運動傷害等也要注意。

☆你的幸運物

- 花——山百合、風信子
- 顏色——紫色、藍紫色
- 寶石——黃寶石、紫水晶
- 方位——南南西
- 幸運日——3日、12日、21日、30日
- 星期別——星期四
- 幸運數字——3
- 財運、工作運高峰期——30歲、36歲、39歲、48歲、57歲

摩羯座

☆你的命運性格

具忍耐力，非常認眞。生活能力強，任何方面的工作都願意挑戰，是努力型的人。

在組織裡可得到周圍的人的認可，有很好的發展。喜好孤獨，人際關係較差。

☆你的人際關係

可忍受一人的孤單，不喜歡和周圍的人交往。因爲較堅強，討厭浪費，和朋友的交往較少。

有時花點錢休閒一下，在人生路上是必要的。

☆你的星座適合度

白羊座 × 面對喜歡給人忠告的白羊座，你會加以反駁，所以不大容易和睦相處。

金牛座 ◎ 面對力行不輟的金牛座，多花一點時間，可以建立良好關係。

雙子座 ○ 雙子座喜歡說話，面對沈默的你，他會覺得是毫無反應，對他不屑。

巨蟹座 ● 立場會有微妙的變化。摩羯座的你若是前輩或上司，則關係良好，若是角色對換，就不易交往。

獅子座 ○ 彼此的步調不同，會發生爭吵，造成傷害。

處女座 ◎ 面對內向纖細的處女座，你只要多花點心思，就能打開他的心。二者適合度不錯。

天秤座 × 沒有什麼話好談，視對方的存在爲眼中釘。

天蠍座 ◎ 與努力愼重的天蠍座有許多共同點，在學習和工作上能互相幫助。

射手座 △ 射手座是開放的行動派，你有時也應敞開心胸，接納對方。

摩羯座 ◉ 彼此是類似的人，個性上有強烈摩擦，但不會長久持續。

水瓶座 △ 和重視友情的水瓶座在一起，重要的是要把他當成自己的親朋好友。

雙魚座 ◎ 面對溫柔體貼的雙魚座，你會感到放鬆、溫暖，但要避免傷害對方的感情。

☆你將來的工作

你是非常務實努力的人，適合擔任公務員、教師、銀行員等工作。此外，如經理人員、稅務人員或美術方面的工作也很適合。

☆你的金錢觀

你不會浪費，懂得儲蓄。

不過該花錢時就要花錢，不要太吝嗇。

☆你的健康

摩羯座的星座支配膝蓋、手肘等關節，要注意神經痛。其他如牙齒、骨骼也要注意。

☆你的幸運物

- 花——罌粟
- 顏色——火黃色、茶色、黑色
- 寶石——黑藍寶、土耳其石
- 方位——南
- 幸運日——8日、17日、26日
- 星期別——星期六
- 幸運數字——8
- 財運、工作運高峰期——35歲、44歲、53歲、62歲

水瓶座

☆你的命運性格

堅持於自我信念。

對新奇事物的興趣比別人強出一倍，能敏銳觀察出事物本質，有批判既有概念的能力。

若給予負面的壓力，馬上就會激烈反彈。

不太常對別人很好，別人也不會對你很好，所以予人冷酷的印象，但其實很重視友情，是博愛主義者。

☆你的人際關係

具強烈自立心，不喜歡配合別人，給人不易接近的印象。不過，拒絕別人之前，要先給他公平的交往機會。

☆你的星座適合度

白羊座 ◎ 和很有活力的白羊座在一起，可以產生激勵，是能夠相談的對象。

金牛座 ○ 以對新事物有旺盛探究心的水瓶來看，金牛座的一舉一動都很保守。不要太過焦躁，要去理解對方。

雙子座 ◎ 雙子座頭腦轉得快，二者很適合，若能敞開心胸，就能成爲很親密的朋友。

巨蟹座 ○ 非常感情化的巨蟹座，話經常只講一半。交談話題僅止於家庭問題。

獅子座 ◎ 二者自立心都很強。因爲都很喜歡刺激，在遊樂方面可以成爲好朋友。

處女座 × 面對神經質的處女座，很難以意志溝通。一對一的關係難以建立，最好以團體形式交往。

天秤座 ◎ 天秤座很注重禮儀，所以時間、場合不可太隨便。

天蠍座 △ 天蠍座較沈默，與其勉強交往，不如順其自然。

射手座 ◉ 射手座重效率，因喜歡對方的優點而交往，即使吵架，也能很快和好。

摩羯座 △ 和喜歡孤獨的摩羯座交往，得多花點時間。

水瓶座 ◎ 雙方都能體諒對方，交往起來沒有束縛。

雙魚座 × 雙魚喜歡受到別人驕寵，這正是水瓶座感到困擾的類型。若能以體諒之心對待之，就能得到感謝的回報。

☆你將來的工作

具旺盛挑戰精神、有強烈自立心的水瓶座，適合設計師、電腦關係、和航空相關，尤其是空服員等工作。此外，可發揮語言能力的工作也很好。

☆你的金錢觀

具過度浪費的傾向，但並非無謂地花費。錢大多是花在工作或興趣上，將來大多會有所回報。

☆你的健康

水瓶座的星座支配血管，要注意發生貧血現象。此外，也會注意腳和腳踝的受傷。

☆你的幸運物

- 花——櫻花草、康乃馨
- 顏色——綠、藍
- 寶石——紫石英、藍寶石
- 方位——南南東
- 幸運日——4日、13日、22日、31日
- 星期別——星期六
- 幸運數字——4
- 財運、工作運高峰期——31歲、40歲、49歲、58歲、67歲

雙魚座

☆你的命運性格

非常羅曼蒂克，性格溫和。體貼能力強，同情心豐富，看到人有困難，無法置之不理。

感受力強，心思纖細，容易受傷。喜歡依賴別人。取得別人驕寵的任性，有時會成爲負面影響。

☆你的人際關係

溫柔體貼，順應性強，易使別人產生好感。

此外，易取得別人的驕寵，但若過度，則會成爲別人的負擔，必須留意。

☆你的星座適合度

白羊座 ○ 白羊座對感覺較遲鈍，若無限制地對之表現溫柔體貼，可能會被討厭。保持距離交往較好。

金牛座 ◉ 愈交往愈感到安心。要重視這個朋友。

雙子座 ○ 看法、感受截然不同。

巨蟹座 ◉ 都是羅曼蒂克的人。巨蟹座喜歡照顧別人，雙魚座喜歡受人驕寵，是種讓人安心的關係。

獅子座 × 獅子座是以自我爲中心的人，交往愈深，受傷愈深。

處女座 ◎ 這是容易受傷的類型，常因完全表達而於談話中途造成傷害，加強溝通很重要。

天秤座 △ 和優柔寡斷的天秤座在一起，久了就會造成問題。最好保持距離地交往。

天蠍座 ◉ 二者都很沈默，卻能馬上發現對方，開始交往。可做長期交往。

射手座 △ 和焦躁的射手座較難深交，尤其要避免金錢上的借貸，否則容易發生問題。

摩羯座 ◎ 和能貫徹自己信念的摩羯座交往，要尊重對方的立場，不要破壞其步調。

水瓶座 × 避免觸及麻煩的話題，多製造輕鬆的氣氛。

雙魚座 ◉ 由於興趣喜好一致，適合度高。不過彼此都有強烈依賴心，所以要有決斷力才行。

☆你將來的工作

雙魚座感受力強，適合從事藝術、藝能方面的工作，例如歌手、舞蹈家等，對樂器演奏應該也很在行。此外，還適合從事護士、社會福利方面的工作。

☆你的金錢觀

有時會衝動購買，造成金錢浪費。用錢要有計畫。

此外，要多留意金錢借貸、賭博等事。

☆你的健康

很容易神經過敏，別太給自己壓力。

雙魚座的星座支配腳底、腳尖，要多注意此部位受涼、受傷。

☆你的幸運物

- 花——滿天星、百合
- 顏色——藍、紫藍
- 寶石——海藍寶、月長石
- 方位——東南東
- 幸運日——7日、16日、25日
- 星期別——星期四
- 幸運數字——7
- 財運、工作運高峰期——25歲、34歲、43歲、52歲

第二章

對你而言，他是「永遠的人」嗎？

白羊座

☆你的戀愛模式

你是無法節制感情的類型，喜歡上就無法停止，不管對方的想法，會積極地追求。

☆建議約會場所

最適合人多或喧鬧的遊樂場或野外的音樂會。此外，運動也很不錯。

☆你的分手模式

白羊座的你性格很果斷，只要對方稍有背叛的行爲，你就會下定決心分手。

☆你的婚姻模式

有領導才能的白羊座，在家裡是控制者。家庭、工作可以併行。27歲、33歲有結婚運。25歲時的緣分不太好，要留意。

☆你的星座戀愛適合度

白羊座 ◉ 彼此都是感情激烈的人，一旦相遇，馬上就會墜入情網。

金牛座 ○ 你會深受金牛座的穩重和豐富知識所吸引。金牛座生性優閒，你可掌握主導權。

雙子座 ◎ 你會受到頭腦動得快、深具社交性的雙子座所吸引。對對方而言，你充滿活力與行動力，深具魅力，是彼此認同的一對。雙子座耐心不夠，是值得擔心之處。

巨蟹座 × 巨蟹座的溫柔有一天你會覺得非常迂腐。如果兩人無法找到共同的興趣，恐怕很難持續下去。

獅子座 △ 同樣都很熱情，是十分外向的一對。獅子座富行動力，最好找兩人可以一起進行的運動。

處女座 ○ 白羊座只要遇到喜歡的事物就會往前衝，處女座則相反地十分內斂。這樣可能會變成你一個人在演戲，一旦接觸到，對方就會逃避。

天秤座 ◎ 你是行動先於思考的人，沈著冷靜的天秤座會以此這種目光批判你。不過你們的適合度還不錯，戀愛情形如何，就看你的了。

天蠍座 △ 天蠍座和你不同，遇到任何事都會花時間進行，屬於慎重派，太注重結果、結論，讓你感到不舒服。

射手座 ◉ 和射手座交談會覺得很有趣，不會無聊。你們的共同點很多，是熱情開朗的一對。他是自由開放的人，你別想去束縛他。

摩羯座 × 摩羯座只在自己的框框中思考事物，對你來說很不適合，相處起來很累。如果太急，會變成你一人在演獨角戲。

水瓶座 ◎ 水瓶座非常冷靜、充滿自信，和他在一起，你們會成爲進步、有現代感的一對。

雙魚座 ○ 對精力充沛的白羊座來說，雙魚座浪漫的性格無法信賴。性格急促的你，可以用領導的地位先慢慢引導，再和他交往。

☆你的星座婚姻適合度

白羊座 ◉ 彼此是類似的同志，會出現激烈的爭吵，但馬上就會復合。共同合作時，能彼此理解，一起做家事。不過，兩人都是浪費王，必須在有目的的儲蓄上下工夫。

金牛座 ○ 金牛座獨占欲較強，不喜歡外出工作。妳最好能謹守家庭，做專業主婦。

雙子座 ◎ 應該會很早就結婚。婚後會發揮能力，繼續工作。此外，你們有很多共同的朋友，經常外出，是非常活躍的一對。

巨蟹座 × 對內向的巨蟹座而言，白羊座十分外向。婚後若無共同事物做聯繫，很難持續。而且巨蟹座較感情化，白羊座則較果斷，很容易因為一點事就導致離婚。

獅子座 ◉ 從戀愛時期就沈醉在戲劇般的戀情中，婚後會專心做主婦，讓先生專心工作。

處女座 ○ 精力充沛的白羊座易使內向的處女座產生不滿，尤其是對方工作不順，變得焦慮時，更易產生摩擦，無法順利繼續下去。

天秤座 ◎ 平衡感非常優異的天秤座能和白羊座過著穩重的婚姻生活。婚後能得到對方的理解，繼續工作。

天蠍座 △ 天蠍座是不表露出自己內心的類型，想要好好相處，必須多花點時間。婚後繼續工作較佳。

射手座 ◉ 會因熱情的戀愛而步入婚姻。自由派的射手座不喜歡受到束縛，彼此若能理解，共同合作，就能有豐富的生活。

摩羯座 × 注重自己步調的摩羯座，和急躁的白羊座一起生活會產生焦慮。最好尊重對方的感覺，否則無法持久。

水瓶座 ◎ 深具現代感、對品味很敏感的水瓶座，對新工作有強烈興趣，習於轉業，但對家庭會堅實守護。對遊玩也很在行，婚後兩人會經常外出，是開放明朗的一對。

雙魚座 ○ 雙魚座的依賴心遇上善於操控他人的白羊座，時間一久應該會有所改變。金錢管理交給對方較適當。

☆外遇行為

白羊座 ◉ 兩人都愛好奢華事物，遇到不對的事，幾乎不加考慮就進行，激情一燃燒，就無法停止，一旦吵架，關係就無可挽回。

金牛座 ○ 對方穩重的成人氣質很有吸引力，但最終會發覺其欠缺生活能力，於是分手。

雙子座 ◎ 覺得這是充滿好奇心的人，想要稍微交往看看。但要小心，別被利用了。

巨蟹座 × 經常要看對方臉色，本來精神很好，也被弄得很累。

獅子座 ◉ 彼此很合適，在一起很快樂，幾乎不加考慮就交往。想想以後的事較好。

處女座 △ 和對方在工作上出現問題時，可能就是兩人關係有變化的時候。

天秤座 ◎ 非常注重和氣的人，爲了保持平衡不斷努力。這樣的人最後會對你不屑。

天蠍座 × 如果是抱著憧憬之心交往的，破滅得更快。無神經的天蠍座會不

斷刺傷你，遇到這樣的對象，趕快分手爲佳。

射手座 ◉ 談話有趣，知道各種事物，你會想要和他在一起。

摩羯座 △ 只有想到要利用你時才會注意你，最後會非常累，情緒不佳時更糟。

水瓶座 ◎ 舉一可以反三，非常有自信，你雖覺得不該和這樣的人在一起，卻很難和他分開。

雙魚座 × 不知道他在想什麼，會爲其神秘魅力所吸引，最後卻會痛哭流涕。

金牛座

☆你的戀愛模式

金牛座非常謹慎，對戀愛也很慎重，很難將自己的感情向對象表露。

不過，一旦喜歡上對方，就會持續、誠實地表露感情。

☆建議約會場所

花點時間，慢慢地在美麗的步道或開滿花的公園裡散步，是最佳場所。

☆你的分手模式

對方如果堅持執意不肯原諒，你在苦惱之下，最後就會分手。

☆你的婚姻模式

你認為婚姻生活裡最重要的是安定，結婚後會發揮賢妻良母的本性。23歲、27歲有結婚運。

☆你的星座戀愛適合度

白羊座 ◎ 樸實的金牛座不會自發地向對方表白，當你發覺時，就已步上精力充沛的、積極的白羊座步調了。

金牛座 ● 彼此都有好感，卻很難向對方表白，要花點時間才能得到戀愛的果實。一開始交往就很順利，但兩人都很頑固，若有爭吵，吵架時間會較長。

雙子座 △ 雙子座好奇心旺盛、社交性強，是個令人愉快的對象，但很多時候並不是很誠實。

巨蟹座 ◎ 你會一廂情願地喜歡上巨蟹座。你們很適合，但兩人嫉妒心都很強，要小心。

獅子座　×　在經常扮演老大、值得信賴的獅子座眼中，你是充滿魅力的。但你可能只是單相思。

處女座　◉　處女座和你一樣是害羞的類型，你們很適合，不過，愛情是需要花時間培養的。

天秤座　△　想要成為衆人矚目對象的天秤座，雖然有時對你也很親切，但通常都隨風起舞，最後會讓你覺得無法忍耐。

天蠍座　◎　具不可思議的魅力，你會成為他的愛情俘虜，臣服在他積極的戀愛技巧之下，結果就結婚了。

射手座　○　喜歡你時，就想得到你的愛情；厭倦時，轉身就走，相當自我本位的射手座，讓你不知道怎麼辦才好。

摩羯座　◉　非常堅實的摩羯座和愼重的你，是容易互相理解的一對。你們能培育紮實的愛情，步入結婚禮堂。

水瓶座　×　在純情的你的眼中，花花公子型的水瓶座充滿魅力，但實際上並不順利。如果成為情人，對方將無法理解你想要獨占他的感情，最後會覺得很累。

雙魚座 ◎ 彼此性格很合，不管哪一方占領導地位，都是令人稱羡的一對。

☆你的星座婚姻適合度

白羊座 ◎ 和穩重樸實的金牛座相比，性格激烈的白羊座要注意少吵架，這樣就能有美好的婚姻生活。金錢管理屬於儲蓄型。

金牛座 ● 兩人都有很強的忍耐力，會努力充實生活。不過，過於安定反而有產生外遇的危險。你們的財運不錯。

雙子座 △ 若無法接受對方的性格，婚姻將無法持續。對工作時的美對方很有感覺，所以婚後最好繼續工作。

巨蟹座 ◎ 巨蟹座以家庭爲第一考量，婚後會考慮到將來而儲蓄。此外，會常招待朋友，在家裡開派對。

獅子座 × 結婚生活裡，會感覺到獅子座的霸氣，不管怎麼做，都沒有回報。此外，獅子座喜歡高級的事物，出手較大方。

處女座 ● 考慮到兩人的未來而結婚的話，你們會是一對佳偶。此外，處女座是節儉的人，經濟上不會出現困難。然而，處女座有花花公子的傾向，所以也有外遇危機。

天秤座 △ 好不容易才結婚，但最好有覺悟，對方轉移對象的速度很快。會有財運。

天蠍座 ◎ 有好的兒女，會過著安定的生活。若過分專注於專業的主婦工作，很容易喪失活力，最好兩人努力一起參加熱鬧的場合。

射手座 ○ 射手座是自由人，喜歡隨心所欲，如果你希望過安定的生活，會有點困難。持續自己的工作，可獲得成功。

摩羯座 ◉ 非常樸實，有夫運和子女運，過著踏實的生活。不過，摩羯座有排他傾向，人際關係不太好，要好好引導他。有儲蓄運。

水瓶座 × 正經地和對方交往，對方會覺得是種重擔。如果結婚，要努力和對方溝通。性愛方面，一開始還好，不過，可能會因爲心理上的傷害而受不了。

雙魚座 ◎ 雙魚座較內斂，具服務精神，只要能讓對方高興，就不惜努力去做。雖然生活貧乏，但精神豐富。

☆外遇行為

白羊座 △ 他一覺得不高興就馬上生氣，這是穩重的你所無法忍耐的。

金牛座 ◉ 兩人對生活都很重視，所以這種外遇或許會變得很認眞。

雙子座 ○ 非常認眞謹愼的你，遇到這種對外遇完全不在意的人，始終就是兩條平行線，從開始就可以看出結果。

巨蟹座 ◎ 他喜歡照顧別人，不管什麼事情都配合你。他知道這是不可原諒的關係，最後卻認眞起來。

獅子座 × 他不管任何表現都有點過度，純樸的你馬上就察覺到這是不適合的對象。

處女座 ◉ 他是非常溫柔的人，你很欣賞，可是對方有花花公子的性格，你會想到自己的未來，一切重新考慮。

天秤座 ○ 對方不管和誰都很好，是個社交家，認爲外遇是很正常的，最後哭泣的是你。

天蠍座 ◎ 你注意到時，已受到對方誘惑，可能已陷入很深的情網中，無法

自拔。

射手座 ×他重視自己的生活甚於家庭。經濟生活安定，不在乎和外遇對象去旅行。

摩羯座 ◉你們很合適，你也會拼命配合對方，然而對方在你最重要的時刻，是無法依靠的。

水瓶座 △要充分確認對方的真正感覺，如果知道對方不誠實，雖然痛苦，也要馬上分手。

雙魚座 ◎可能會持續進行較緩和的交往，最後無法分開。熱衷於夢想，忽略了現實。

雙子座

☆你的戀愛模式

頭腦轉得快又具社交性的你，戀愛對象非常多，你是以玩的感覺談戀愛，享受戀愛的樂趣。但你常表現得忽冷忽熱，無法持續下去。

☆建議約會場所

固定的約會場所不適合雙子座。建議約會場所必須能滿足你的好奇心，要找比較特別的地方。

☆你的分手模式

你可能會同時和好幾個人交往，分手非常率性，不會有難於分手的煩惱。

☆你的婚姻模式

平凡的主婦生活無法滿足你，外向的你希望過有變化的生活。二十三歲有結婚運。

☆你的星座戀愛適合度

白羊座 ◎ 喜好社交的雙子座和明朗活潑的白羊座很適合，不過白羊座較沒耐性，喜歡的話，要拼命配合他。

金牛座 △ 金牛座會讓你意外地感受到他的頑固。他無法接受你的意見時，可能會導致吵架，而你一發怒就無法控制，因此要多加努力。

雙子座 ◉ 和你交往的衆位對象中，超乎你能力和魅力的人，才能脫穎而出。同樣是雙子座的話，適合度較高。

巨蟹座 ○ 內向的巨蟹座和外向的雙子座，可說是強烈對比。對方善於溫柔照顧，但你會因爲其強烈的嫉妒心而痛苦不已。

獅子座 ◎ 獅子座開朗、有精力、又富人緣，你會感受到他的魅力。如果有包容力，適合度會往上提高。

處女座 × 具社交性、喜歡說話的雙子座和沈默的處女座在一起，彼此都會覺得疲累。

天秤座 ● 天秤座的愛很冷靜，會抑制自己的感情。你必須做更強烈的接觸。

天蠍座 ○ 謹愼、冷靜的天蠍座和開放的雙子座適合度不高，交往時必須努力配合對方的步調。

射手座 ◎ 兩人都富於行動性，適合度高，但是都很任性，必須節制。

摩羯座 △ 具社交性、對戀愛很積極的雙子座和謹愼、樸實的摩羯座適合度並不高，不過可以多配合對方，慢慢地或許會成功。

水瓶座 ● 彼此本來是朋友，慢慢產生愛苗，想法一致，有可能走向婚姻之路。

雙魚座 △ 非常羅曼蒂克的雙魚座，在你眼中很有魅力。不過，很可能因爲過度熱情而結束。

☆你的星座婚姻適合度

白羊座 ◎ 一旦擁有家庭，白羊座將展現出堅毅的一面。雖然他有時很任性，但你要能靈巧的接納。與其做家庭主婦，不如到外面找個工作。

金牛座 △ 這對夫婦與其兩人生活，不如擁有子女，會使家庭更安定。若想消除對方不願讓你外出的不滿，不如在家舉辦派對，招待朋友，藉以消解嚮往外界的心情。

雙子座 ● 同樣星座的他能靈巧處理混亂的生活。結婚以後，你可以開始進行新的學習，再度走入社會。

巨蟹座 ○ 巨蟹座感情豐富的反面，是嫉妒心強過別人一倍。結婚後很顧家，基本上也希望你是顧家的妻子。

獅子座 ◎ 若能了解對方以自我爲中心的一面，就能過著幸福的日子。不過對方實在是時髦、好花錢的人，如果理財不當，就很麻煩了。

處女座 × 你們的適合度不高，結婚後最好增加兩人一起外出的機會，擴展

社交範圍。

天秤座 ◉ 結婚時會得到朋友的幫忙，走向富有變化的生活。你無法滿足於家庭主婦的生活，最好有工作。財運不佳。

天蠍座 ○ 天蠍座遇到喜歡的人就會獻上誠實的愛，絕不背叛。結婚以後，他會非常配合你，性愛方面也會表現出極佳的服務精神。結婚會開創你的運勢。

射手座 ◎ 射手座非常行動派而且多樣化，甚至在性愛方面你也必須扮演守護的角色。不過，對方的工作若能順利發展，也就能過著幸福的生活。

摩羯座 △ 一開始交往時，你會很意外地發現摩羯座也是很細心地，慢慢地步向結婚之路。他是樸實、努力的人，會踏實地工作，所以你們的經濟很安定。

水瓶座 ◉ 這是適合度很高的戀愛同志，最後也結婚了。工作方面，與其當家庭主婦，不如外出工作更適合。

雙魚座 △ 雙子座很容易忽冷忽熱，婚後可能會對對象的看法有所改變，爲使婚姻長久持續，必須掌握對方的情緒，兩人要充分溝通。

☆外遇行為

白羊座 ◎ 對對方高漲的熱情，須使其稍微冷卻，要像哄小孩似地對待對方。

金牛座 ○ 對方是任性自我的人，你要非常冷靜，兩人的關係才能維持。

雙子座 ◉ 非常類似的同志，適合度雖高，但很容易變心，很可能很快就分手。

巨蟹座 △ 雖說愛情深厚，但嫉妒心比別人強，若發覺被背叛，可能會發狂報復。感情深入前就要好好考慮。

獅子座 ◎ 他非常引人矚目，自尊心也很強，最後會令人招架不住。

處女座 × 你會發覺對方有花花公子的特質，很快就知道這是怎樣的對象，要儘早做決斷。

天秤座 ◉ 適合性很高，交往時還不錯，但分開時會有嚴重的爭執。

天蠍座 △ 當你注意到時，已過分深入，陷入不可自拔的狀態。

射手座 ◎他對慾望很忠實，想要你時會施予壓迫，不過，最後可能會發生大吵架而分手。

摩羯座 ○對方有自信的氣質，會對你提出反駁。此外，他的正義感也讓你漸漸受不了。

水瓶座 ●水瓶座很會討別人歡喜，對象很多，你們適合度雖然很高，但也有麻煩。

雙魚座 ×原本適合度就不高，如果又欠缺良好的溝通，將無法長久持續下去。

巨蟹座

☆你的戀愛模式

喜歡對方時，會爲對方盡力，但嫉妒心很強，容易受傷，所以會選擇能夠信賴的對象。

☆建議約會場所

對非常羅曼蒂克的巨蟹座來說，平靜的水邊是幸運的場所。要是可以在平靜的水邊、安靜的餐廳用餐，就再好不過了。

☆你的分手模式

分手對感受性豐富的巨蟹座來說，是很困難的，要花較長的時間去平復心情。

☆你的婚姻模式

是能堅守家庭的類型，熱心教育子女的媽媽。二十歲、二十六歲、二十九歲有結婚機會。比你年長的人較適合。

☆你的星座戀愛適合度

白羊座 × 對戀愛較膽怯的巨蟹座，和急進派的白羊座很難有接觸。可以試著接觸看看。

金牛座 ◎ 會成爲時髦的一對，很重視將來，時常思考將來，慢慢地培養愛情，有可能結婚。

雙子座 ○ 具社交性、喜歡說話的雙子座，在內向的你的眼中充滿魅力。不過，對方是容易轉移目標的人，很可能會讓你欲哭無淚。

巨蟹座 ◉ 對方感情豐富、有母性本能，和你一樣充滿體貼之心，又很溫柔，和你是很合適的一對。

獅子座 △ 非常時髦外向的獅子座，和內向的巨蟹座很容易產生各種問題，

如果對方愛你，會很重視你，如果你是單相思，就很難持續。

處女座 ◎ 處女座神經纖細，不喜歡輕率的舉止，會希望你穿著整齊，約束感重。你若能加以配合，兩人就能吻合。

天秤座 × 你有豐富的感受性，一旦愛了就付出所有，可是天秤座會覺得很無聊。你們是比較困難的一對。

天蠍座 ◉ 兩人都是內心熱情的人，是很合適的一對，不過，要是沒有常約會或打電話，會較難親近。

射手座 △ 開放而不喜歡束縛的射手座，和嫉妒心強的巨蟹座在一起，很容易引發負面作用。

摩羯座 ◎ 兩人都是內向型的，對戀情都很忠實，如果多花一點時間，可增加信賴感。會從朋友走向情人。

水瓶座 ○ 感情豐富的巨蟹座，和冷靜的水瓶座價值觀截然不同，所以會有苦惱。

雙魚座 ◉ 兩人都是較單純、羅曼蒂克型，戀愛時會表現出忘我狀態。

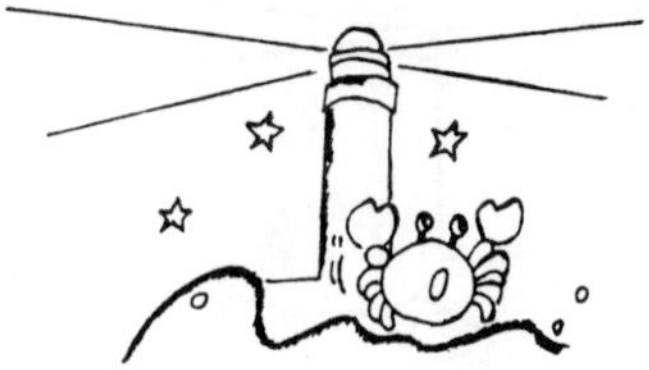

☆你的星座婚姻適合度

白羊座 × 白羊座結婚後會無法適應你的弱點，欠缺持續性，於是兩人感情變淡。爲了避免這種情形，要好好磨練自己，讓生活有變化。

金牛座 ◎ 如果沒有很大的障礙，應該能過著幸福的婚姻生活。性愛方面不會不滿足，能成爲身心平衡的女性。

雙子座 ○ 你在社交上非常嚴謹，雙子座則非常健談，生活上應該沒有問題，但對方輕率的言行會讓你焦慮。

巨蟹座 ◉ 一開始接觸交往時，馬上就想在一起。在家裡是好妻子，爲典型的家庭主婦，能扶持先生。

獅子座 △ 不管怎麼說，如果獅子座的愛較強，就能順利成爲幸福的夫婦，生活上和人際關係的問題都能超越。

處女座 ◎ 從幸福走向不幸這種變化較少，能過著穩定的婚姻生活。你做個單純家庭主婦，堅守家庭，較爲適合。

天秤座 × 非常冷靜、都會型的天秤座和家庭化的巨蟹座要互相配合，漸漸會感到痛苦，甚至受到傷害。若不體貼對方，婚姻很難持續。

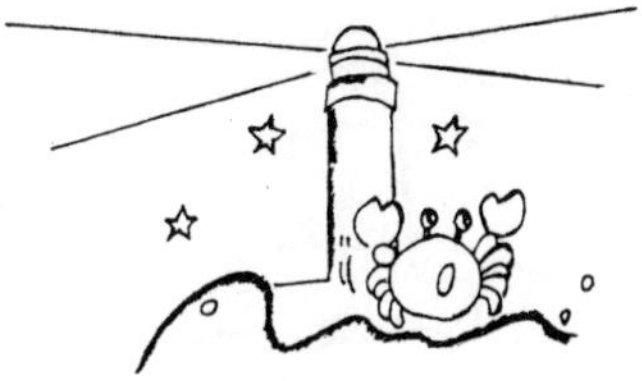

天蠍座 ◉ 兩人都不是時髦、喜歡熱鬧的人，能過著穩定的婚姻生活。經濟上和性愛方面都很安定。

射手座 △ 巨蟹座的你對所愛的人會盡心盡力，射手座則較自我，較會享受戀情。婚後這種型態不會改變，會發生許多讓你傷心的事。

摩羯座 ◎ 兩人都有強烈的信賴感，因而走向結婚之路。摩羯座很重視家庭，對運動、興趣很熱衷，過著有活力的生活。兩人會稍微爲對方吃醋。

水瓶座 ○ 水瓶座不喜歡被束縛，若給他自由，就能建立好家庭。朋友較多，經常招待他們，家裡很熱鬧，金錢卻所剩無幾。

雙魚座 ◉ 兩人都很羅曼蒂克，適合度高，婚後會過著愉快的生活。與其在家裡，不如有份工作較好。

☆外遇行為

白羊座 × 你一旦墜入愛情，就會一直走到最後，但嫉妒心很強，在這期間

可能會吃盡困惑之苦。

金牛座 ◎ 你一旦愛上對方，就會爲對方著想，會受對方步調的影響。

雙子座 ○ 從一開始交往，就注意到對方奇妙的才氣，會感到不舒服，可能因此快速分手。

巨蟹座 ◉ 這是非常小氣的對象，但他會很注意地隱藏此事。你付出全心全意，最後卻會落個欲哭無淚的結局。

獅子座 × 他看起來非常有威儀，其實很孤獨。結果是不幸的。

處女座 × 他是能讓你發揮母性本能的類型，不過更進一步地看，存在著某種危險性。

天秤座 △ 雖然知道，卻無法抽身。在這之前，你應該想想痛苦的後果。

天蠍座 ◉ 對方非常強勢，當你發現時，已配合對方步調在走，這時才要抽身，是很辛苦的。

射手座 △ 你雖步入不正常的感情，卻不會回頭，會一直走下去。但要考慮到對方是否也這麼想，你要客觀地觀察。

摩羯座 ◎ 兩人都會走向最後的目標，但不知最後是否仍有交集。

水瓶座 ○ 一旦有了肌膚之親，就不考慮對方好壞，無法割捨。應該保護自己。

雙魚座 ◎ 適合度確實很高，但精神上的痛苦，使之無法長久。

獅子座

☆你的戀愛模式

你非常開朗，喜歡華麗的戀愛，周圍的人會很羨慕。然而外表非常積極、引人矚目的獅子座，事實上卻十分膽怯，這時很需要朋友的幫助。

你很討厭被束縛，要避免嫉妒心強的男性。

☆建議約會場所

約會可以羅曼蒂克、稍微豪華些。在電影或音樂會結束後去用餐，在瀰漫羅曼蒂克的餐廳是最好的。

☆你的分手模式

自尊心很強，在對方提出分手前，自己就先提出。

☆你的婚姻模式

大談戀愛，走向結婚後，會繼續工作。不過也可能會經歷數次戀愛後，仍是獨身。

☆你的星座戀愛適合度

白羊座 ◉ 兩人都很熱情，適合度高。他可滿足追求戲劇般戀情的獅子座。

金牛座 × 時髦的獅子座和樸實的金牛座實在不合，想讓戀情產生果實，要相當努力。

雙子座 ◎ 雙子座一旦喜歡某人，就會把感情付諸行動，然而成爲戀人後，感情就會冷卻，這會讓你覺得不足。

巨蟹座 △ 你會爲巨蟹座的親切溫柔所吸引，但你們的適合度不是很高。對方若信賴你，就會一生爲你盡力。

獅子座 ◉ 兩人都不遵守道德習慣，一旦碰上就會燃燒起戀情。不過，兩人對於以自我爲中心的這一面要多加抑制。

處女座 ○處女座很纖細，會盡可能地壓抑感情，這時，盡力支持他很重要。

天秤座 ◎同樣有社交家的特質，會從友情發展到愛情。不過，你會很在意天秤座的八面玲瓏。

天蠍座 ×這都是沒有交集的一對。然而一旦擦出火花，就會發展出不可思議的戀情。

射手座 ◉這可說是「命運的相遇」，會成爲一對熱情的戀人。

摩羯座 ○一開始非常謹愼，令人覺得無趣，但逐漸會改善，最重要的是，要配合對方的步調。

水瓶座 ◎水瓶座思想獨特，是知性派的人，人緣很好。你覺得他很有魅力，兩人適合度高，很可能就這樣步上結婚之路。

雙魚座 △雙魚座感覺纖細，你的言行舉止會讓他覺得粗野。別忘了對他體貼一點。

☆你的星座婚姻適合度

白羊座 ◉ 兩人都很熱情，喜歡時髦、華麗的婚姻生活，爲了避免生活步調崩潰，必須創造財產。

金牛座 × 兩人類型完全不同，經常覺得無法溝通。感情上雖有對立，但不要勉強改變對方，要讓對方自由。

雙子座 ◎ 和雙子座結婚的適合度高，但你不會平凡過著主婦的生活。兩人可以一起爲事業奮鬥，這樣會成功。

巨蟹座 △ 你們適合度不佳。巨蟹座非常重視家庭，你若了解對方，婚姻就能持續。早婚是問題根源。

獅子座 ◉ 彼此相似，適合度高。但兩人都以自我爲中心的個性要多加注意。

處女座 ○ 感覺纖細的處女座會注意到小事情，你不拘小節的性格他可能無法理解。此外，他的自尊心也很強，要注意所謂「賢內助」的輔助地位。

天秤座 ◎ 天秤座非常具社交性，也很時髦，但十分優柔寡斷，很需要獅子座的你的支持。

天蠍座 × 兩人因陷入戀情而步入婚姻是很困難的，必須互相努力才行。家庭、事業要兼顧很困難。

射手座 ● 兩人對愛情都很積極，適合度高，結婚後也能繼續。

摩羯座 ○ 非常樸實的摩羯座和時髦的獅子座不太合，無法順利步入婚姻，必須很努力。切忌因同情而結婚。

水瓶座 ◎ 水瓶座具獨特思想、有自信，兩人適合度高，婚後能成爲富有戲劇般刺激性的生活夥伴。

雙魚座 △ 面對雙魚座感覺纖細，你會屈服於對方的溫柔而走向結婚。對方激烈的感情之火熄滅時，會出現你無法承受的狀況，你必須巧妙引領對方。

☆外遇行為

白羊座 ● 雖然適合度高，但兩人自尊心都很強，一旦受傷，也會使長久的

戀情冷卻下來，意外地快速分手。

金牛座 × 最好不要勉強對方，讓他依自己的步調去做，但畢竟無法長久持續。再怎麼辛苦，這段戀情最後仍無法達到目的。

雙子座 ◎ 適合度高，但這種關係能否持續卻很難說。

巨蟹座 △ 家庭第一的巨蟹座不會捨棄家庭和你在一起，你必須是否要決定分手，另外開始一段正常的戀情。

獅子座 ● 獅子座對戲劇般的演出十分在行，對所愛的人十分寬待，爲了你們的幸福會很努力。

處女座 △ 企望保持目前的關係，過著幸福的生活，必須讓自己是一隻可愛的獅子。

天秤座 ◎ 對方八面玲瓏，最好不要陷入太深，否則只會使你自尊受傷。

天蠍座 × 兩人的想法、生活步調完全不同，這段戀情遲早會破滅。

射手座 ● 對手不喜歡被束縛，若你想獨占對方，對方會想要逃開。

摩羯座 ○ 兩人的關係無法長久持續。因爲你的同情而展開的這段戀情，很快就會結束。

水瓶座 ◎ 對方很靈巧，你的好意只是被人利用了，你要冷靜地觀察自己的立場，重新考慮。

雙魚座 △ 他會因爲小事情就受到波動，你也跟著受到干擾，苦惱不堪。

處女座

☆你的戀愛模式

處女座很內斂，羅曼蒂克，憧憬戀情，喜歡的人出現在眼前，卻很難表達自己的感覺。無論如何，還是要勇敢地接近。

☆建議約會場所

幽靜的場所是優先考慮的地方。在令人愉快的公園散步也很好。

☆你的分手模式

處女座可說比別人更容易受傷。在感情冷卻前，就會先一步提出分手。

☆你的婚姻模式

希望婚後生活盡可能少點變化。想做個單純的家庭主婦。

☆你的星座戀愛適合度

白羊座 ○ 非常纖細的處女座和精力充沛、急進的白羊座適合度不高，會覺得無法跟上對方的步調。

金牛座 ◉ 兩人都是穩重、安靜的類型。想掌握住對方的感覺，必須花點時間，但這是適合度高的一對。

雙子座 × 雙子座非常健談，在處女座眼中是很會說話的人，這樣很難建立信賴關係。

巨蟹座 ◎ 巨蟹座溫柔具親和力，喜歡照顧人，是內斂的處女座能安心交往的對象。兩人在一起心情會很平靜。

獅子座 ○ 在處女座眼中，獅子座十分奢華傲慢，如果兩人要在一起，彼此都要努力。

處女座 ◎ 兩人了解彼此的性格，是交往的優勢，不過也都是慎重派的人，有時一人要積極地接觸對方。

天秤座 △ 很會講話又冷靜的天秤座比較容易交往，不過他的八面玲瓏和優柔寡斷，是有潔癖的處女座無法忍受的。

天蠍座 ◎ 天蠍座讓人覺得神秘，不知不覺中會受到他的吸引。兩人都很害羞，要花點時間才能親近起來，最後能培養出深厚的愛情。

射手座 × 射手座開放明朗，你對他有不拘小節的印象，可能會覺得對方很輕率。

摩羯座 ◉ 摩羯座的樸實努力，在你眼中充滿魅力。再小的喜悅都讓你有大的幸福感。

水瓶座 △ 水瓶座很有才能，在他得意的領域，他會採取領導地位。你會受到對方的引導、激勵。缺點是他會爲了小事生氣，讓你覺得很累。

雙魚座 ◎ 雙魚座和處女座一樣是浪漫、纖細的人，彼此都有強烈的吸引力。

☆你的星座婚姻適合度

白羊座 ○ 非常穩重的處女座和精力充沛的白羊座在一起，因爲白羊座很有衝勁，最後走向結婚。你若能謹守家庭，就能過著穩定的生活。

金牛座 ◉ 金牛座既踏實又穩重，婚後你會過著幸福的日子。你適合做個單純的家庭主婦。

雙子座 × 這種對象你愈追求愈感到悲哀。你若無法站在對方的立場設想，就無法持續下去。

巨蟹座 ◎ 巨蟹座是很顧家的類型，婚後會努力工作，注重儲蓄，而且不會忽視對家庭的服務。儘早結婚較好。

獅子座 ○ 你們的適合度不高，不過對方男性化的作爲，若能顧及你女性的心，則婚姻佳。

處女座 ◎ 兩人都是認眞踏實的人，能經營出穩重的生活。如果稍具社交能力，工作和金錢方面都會有改善。

天秤座 △ 對方是八面玲瓏的人，這點你可能會不滿，不過要努力了解對方，改變生活。

天蠍座 ◎ 天蠍座非常沈默，兩人能培養出穩健的愛情。對方對人際關係較不在行，容易受到誤解，你要予以幫助。

射手座 × 射手座自由奔放，他喜歡的事要讓他放手去做，要有寬廣的心胸，這樣，他也會重視家庭。

摩羯座 ● 年輕時或許不是很幸運，但只要雙方踏實努力地做，一定能開創出幸福的道路。

水瓶座 △ 適合度不高。要能理解對方的感覺，發揮賢內助的作用。

雙魚座 ◎ 彼此都是羅曼蒂克的人，但事實和夢想有很大的差距，夢想破滅時，你要能靈巧地安撫。

☆外遇行為

白羊座 ○ 這是性情激烈的人，對他表達你的情愛，就能讓他歡喜，非常簡單。只要配合對方的步調就行。

金牛座 ● 如果你太過沈浸於其中，對方就會放肆起來，所以有時你也要表

現出毅然的態度。

雙子座 × 若是對方追你，感情就會持續，若是相反的話，很快就會破滅。

巨蟹座 ◎ 想要支持對方、照顧對方的意願，會挑動對方的心。

獅子座 ○ 強烈想要獨占對方，不喜歡被甩，在自己受傷之前，就會考慮說再見。

處女座 ◉ 適合度高。對方用心很深，最好不要到難以自拔的地步。

天秤座 △ 對方八面玲瓏，兩人性格差異極大。他不喜歡努力，最後當然是分手。

天蠍座 ◎ 適合度高。彼此都對對方感興趣時，比較順利。

射手座 × 喜歡的時候態度很強勢，以這種人爲對象並不好。別忘了，他的另一面就是很容易厭倦。

摩羯座 ◉ 兩人都是很努力的類型，適合度高，但感情是否能持續，又是另一個問題。

水瓶座 ○ 他的想法截然不同，你愈去追愈容易受傷，所以會很快分手。

雙魚座 ◎ 注意到對方的任性時，可能也發現到自己已付出感情了。

天秤座

☆你的戀愛模式

你對戀愛很冷靜，絕不會主動向對方表白，會等待對方採取行動。即使再喜歡對方，也不會捨棄自尊，沈迷於其中。

有注重對方外表的傾向，要留意。

☆建議約會場所

時髦摩登的約會都很適合，例如古典音樂會、展覽會等都很好。

☆你的分手模式

天秤座不喜歡與人爭吵，會很冷靜、十分乾脆地分手。

☆你的婚姻模式

婚後大多會成爲單純的家庭主婦，不過對家事感到很棘手，這是弱點。

☆你的星座戀愛適合度

白羊座 ◎適性度很高。對方若不明白表示意向，你也不會表達你的感情。此外，天秤座較注意外表，較難有知心的戀情。

金牛座 △天秤座較羅曼蒂克，對戀愛懷抱夢想，較難接受注重現實的金牛座。

雙子座 ◉雙子座話題豐富又很會說話，總是讓人很愉快，是你最理想的對象。結婚也很順利。

巨蟹座 ×比較庶民化的巨蟹座，和都會型的天秤座感覺出入很大，不很合適，必須努力配合對方。

獅子座 ◎喜歡一流事物的獅子座，和帥氣時髦的天秤座適合度高，兩人能刺激彼此的感覺，交往得很愉快。

處女座 △ 天秤座很會說話也很會傾聽，和內向的處女座可以聊得起來。但處女座的潔癖和批判力會一再指摘你的缺點。

天秤座 ◉ 兩人很相似，適合度高，但也都是八面玲瓏的人，又優柔寡斷，確認對方感覺後，要有一方積極一點，否則不會有進展。

天蠍座 ○ 天蠍座是與社交性強的你相反的類型，嫉妒性又強，你八面玲瓏的態度他是無法忍受的，這會是你很大的困擾，帶給你壓力。

射手座 ◎ 天秤座是很冷靜的人，害怕受傷，很難用情。射手座的熱情正好可以引導你。

摩羯座 × 摩羯座很重視協調和公平，雖然兩人意見很合，但適合度不高。對方在金錢上很小氣，你也會發現到他的頑固，可能會引發不和。

水瓶座 ◉ 冷靜、理性是兩人的共同點，適合度高。水瓶座的獨占慾不很強，應該能在旁邊看著你、守護你，讓你自由行動。

雙魚座 ○ 雙魚座不是會積極行動的類型，你們之間很難有進展。對方若無法居於引導地位，你們的戀情就無法繼續下去。

☆你的星座婚姻適合度

白羊座 ◎ 精力充沛、行動派的白羊座經常會引導你，所以你們的婚姻生活應該很不錯。

金牛座 △ 沈默內向的金牛座一旦愛上你，就會非常忠心，可能因此走進婚姻。金牛座是非常家庭化的類型，他能靈巧地處理家中的事情，你能持續工作或興趣。

雙子座 ● 兩人共同話題很多，在一起時不會覺得膩，對你來說，是接近滿分的結婚對象。婚後可以兩人一起開創事業、做買賣。

巨蟹座 × 巨蟹座很重視家庭，也很重視飲食，經常守著廚房。你則覺得爲了吃而進廚房，非常麻煩。配合對方步調很重要。

獅子座 ◎ 開朗熱情的獅子座，婚後會成爲顧家的爸爸，非常努力。不過，他也有缺乏耐性和霸氣的一面，這時你要能靈巧地接納。

處女座 △ 處女座很內向，婚後你會發覺他對生活很靈巧。兩人會過著沒有太大起伏的生活。

天秤座 ◉ 適合度高，很適於結婚，但兩人都優柔寡斷，可能因小誤解造成大爭吵。最重要的是，YES、NO要明確說出。

天蠍座 ○ 雖說天蠍座的愛是奉獻性的，十分珍貴，但其嫉妒心也很強，不喜歡你一人出去，你可能會對此不滿。

射手座 ◎ 射手座自由奔放，較容易和周圍的人有過節，這得由你去解決。不過財運很好，子女運也不錯，可以過著安定的生活。

摩羯座 × 摩羯座踏實、具生活能力，結婚適合度並非不好。天秤座的人對家事較感棘手，這點必須努力。

水瓶座 ◉ 婚後仍像朋友的夫妻，即使是小事也會商量後再合作完成，建立愉快的家庭。

雙魚座 ○ 雙魚座對所愛的人會全然獻身，婚後是個好先生，非常重視家庭，但他缺乏決斷力，你要能補足這點。

☆外遇行為

白羊座 ◎ 你們不是愉快、華麗的組合，等注意到的時候，愉快的時光可能已經過去了，這時可能要考慮是否要分手了。

金牛座 ○ 剛開始是較緩和的交往，接著可能會因對方的脅迫而繼續下去，再來有了孩子，對方可能不會想成爲你的家人。

雙子座 ◉ 即使吵架，也會馬上和好，很難出現分手的機會。但他有截然相反的兩面性格，有時你會面臨這種情緒上的高度落差。

巨蟹座 × 對方一旦眞正用感情，就會開始擔心瑣碎的事，開始下工夫，想要你成爲他的家人，只不過你並不這麼被吸引。

獅子座 ◎ 兩人目前的關係是彼此協力配合的，所以頗爲安定持續。

處女座 △ 一開始還好，但逐漸會出現意見不合的情形，很可能分手的時間很早。

天秤座 ◉ 你非常辛苦，對方並不是會跟著你的類型。對方的經濟若安定，你們的交往就很愉快，若不安定，很快就會分手。

天蠍座 △ 很少因爲你單方的戀情就有進展，要對方也有感覺，才會有進展。

射手座 ◎ 你過分溫柔，對方卻非常隨興，若不加以改變，會寵壞對方，讓藕斷絲連的情形持續下去。

摩羯座 ×你們並非適合的一對，無法長久持續，在一起時也常起摩擦，只有你去配合對方的步調。

水瓶座 ◉他很容易抓住別人的心，雖然不是那麼喜歡對方，但仍和對方保持某種程度的交往。你要注意對方是不是在和你玩。

雙魚座 ○他對所愛的人會做出獻身性的行爲，你應該注意到了。只不過他有遊玩的習性，即使已有家人，也會在外尋找對象。

天蠍座

☆你的戀愛模式

要用上感情可能要花較長的時間，一旦喜歡上了，就會死心塌地。但這種激烈的愛情不會從表面表現出來。如果對方較遲鈍，可能不會知道你的心意。嫉妒心很強，有時會讓對方感到窒息。

☆建議約會場所

有水的地方是天蠍座約會的幸運場所，像是自然、有噴泉的公園，或湖邊、海邊都是好地方。

☆你的分手模式

天蠍座絕不允許別人背叛自己，基於強烈的嫉妒心，如果對方的反應不如己願，可能會下定決心分手。

☆你的婚姻模式

早婚者較多。對天蠍座來說，家庭很重要，會很堅定地守護。

☆你的星座戀愛適合度

白羊座 △ 白羊座較單純，可說是行動先於思考，和心思較細、較愼重的天蠍座彼此要理解較困難。

金牛座 ◎ 兩者都是不會表達自己的類型，但都強烈受到對方的吸引，不知不覺就湊在一塊。

雙子座 ○ 雙子座非常具社交性、很會說話，對內向的你而言，是充滿魅力的人。對方的花花公子習性、不喜被束縛的心態，會造成你悲傷的回憶。

巨蟹座 ◉ 巨蟹座對人很親切，喜歡照顧人，對心思較細的天蠍座來說，是能安心的交往對象。不過兩人的自尊心都很強，這點要注意。

獅子座 × 獅子座較外向，喜歡時髦，天蠍座較沈靜，這個組合比較困難。一開始交往時，兩人都會顯現出負面作爲，所以戀情不太可能有進展。

處女座 ◎ 處女座纖細而溫柔，天蠍座的你對他有信賴感。不過，兩人都是不太表達感情的類型，確認彼此的感情要花較多時間。

天秤座 ○ 天秤座是比較時髦的社交家，在你的眼中是很有魅力的對象。他對其他女性也很親和，對你沒有明確的表示，你會因此而不滿。

天蠍座 ◎ 和對方一樣，只對一人付出眞心的愛，不過兩人都較內向，因此你們的戀情很難開始，必須下定決定開始行動。

射手座 △ 射手座不喜歡被束縛，和天蠍座的適合度不高，因此，必須努力去了解對方。

摩羯座 ◎ 摩羯座並不很引人矚目，也不很會講話，交往起來是較困難的類型，不過，卻是和你相似的類型，能讓你安心。

水瓶座 × 水瓶座講求博愛主義，很喜歡凸顯自己，外表看起來像是花花公子，天蠍座無法忍耐。

雙魚座 ◉ 雙魚座喜歡追求夢想，是你美麗戀愛故事中的主角。

☆你的星座婚姻適合度

白羊座 △ 積極的白羊座不斷地拉引你。然而白羊座的行動至上，會讓注重秘密的天蠍座不滿。

金牛座 ◎ 這對非常注重自己的生活模式，也很能掌握生活，不過兩人都欠缺社交性，所以最重要的是擴展生活圈，多交朋友。

雙子座 ○ 很會玩的雙子座在婚前會讓你充分享受快樂，但婚後會讓你意外地過著平凡的生活。

巨蟹座 ◉ 巨蟹座非常注重家庭，也很注重工作，會成爲好丈夫、好父親，能夠建立經濟安定的家庭生活。

獅子座 × 在獅子座外向的反面是不甘寂寞，所以要對他溫柔。你要不斷地對他溫言暖語。

處女座 ◎ 不會背叛，會彼此信賴，在夢想與平靜間孕育愛情，婚後會有安定的家庭。

天秤座 ○ 富社交性的天秤座結婚後周圍仍圍繞著異性，這樣很容易燃起你的妒火，你最好能控制嫉妒的情緒，以朋友的感覺待之。

天蠍座 ◎ 兩人性格都慎重，經過一段時間會加深彼此的愛意，步入婚姻。婚後生活很安定。

射手座 △ 彼此想法不同，若不了解對方，很難結婚。射手座自由開放的行動，結婚後也不會改變。

摩羯座 ◎ 非常樸實努力，是能創造自我生活的一對。尤其摩羯座是堅實派，對工作和家庭都很愛護。

水瓶座 × 水瓶座不喜歡被束縛，個性奔放，天蠍座很難理解。彼此必須努力。

雙魚座 ◉ 能夠包容天蠍座的沈默內向。彼此了解愈深，愈能培養愛情。

☆外遇行為

白羊座 △ 適合度不高。雖然你很愛對方，對方不見得能接受。

金牛座 ◎ 兩人都是沈默的人，若不表達自己的感情，很可能半途就結束。

雙子座 ○ 若侵犯對方工作、家庭領域，對方顯出厭倦時，很可能突然就分手。

巨蟹座 ◉ 對方是以自己爲中心的人，所以在感情言行上要能抑制，才能保持安定持續的關係。

獅子座 × 兩人性格過分不同，很難找到共同點。如果無論如何都要和對方交往，就不要讓對方有負面印象。

處女座 ◎ 性愛方面適合度高，能滿足你內在隱密處的熱情。對方成爲你的俘虜，很難離開你。

天秤座 ○ 你對於這種注重排場的交往倍感棘手。對方是很會和人交往的對象，會讓你感到有點困擾。對方很注重美感，你要特別留意整齊與維持美感。

天蠍座 ◉ 彼此能夠理解對方，可能成爲結婚的對象。但很可惜……。

射手座 × 對方總覺得你有點封閉，你必須努力地讓對方對你保持關心。

摩羯座 ◎ 彼此適合度不錯，可是一和金錢有關係，兩人間就會變得嚴肅，所以，要很小心金錢上的借貸。

水瓶座 × 水瓶座性格很突出、又很會交際，如果你受到他的影響，顯露出弱點，可能很危險。

雙魚座 ◉ 這是較協調的一對，精神上、肉體上都能充實、滿足，會持續交往。

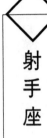

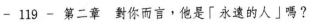

射手座

☆你的戀愛模式

好惡分明，會有一見鍾情的可能性。感情表現非常直接，會很積極地追求對方，只不過來得快去得也快，幾乎不會長久持續。因爲是自由奔放的人，因此，戀愛對象一個接著一個，別人看起來就像是花花公子。

☆建議約會場所

射手座非常開放，可以開車兜風、看運動比賽，室外約會比室內約會好。

☆你的分手模式

戀愛無法長久持續的射手座，經常是自己提出分手。提出分手後，很快又

會開始一段新的戀情。

☆你的婚姻模式

射手座崇尚自由，不喜歡被家庭綁住，喜歡富有變化的婚姻生活。

☆你的星座戀愛適合度

白羊座 ◉ 行動派的射手座和精力充沛的白羊座是很速配的一對，在認識的那一刻彼此互相吸引，發生火熱的戀情。

金牛座 ○ 金牛座步調緩慢，在你眼中卻很有魅力。你必須能配合對方的步調。

雙子座 ◎ 雙子座頭腦轉得快，能營造快樂氣氛，兩人有許多共同點，適合度高，但都是善變的類型，感情想要持久的話，都必須好好努力。

巨蟹座 △ 巨蟹座感受性豐富，和自由奔放、感情表現直接的射手座在一起，必須花時間互相理解。

獅子座 ◉ 外向、有王者風格的獅子座和追求自由的射手座適合度高。你的生日時，他會以豪華的用餐和花朵做爲禮物，做出戲劇性的演出。

處女座 × 非常溫和、內向的處女座讓你感到棘手，尤其他對細微末節又很挑剔。

天秤座 ◎ 從做朋友很自然地走向情人關係。這是時髦而都會化的組合。

天蠍座 △ 可說是沒有機會碰在一起的組合。開放的射手座和閉鎖的天蠍座在一起的話，對彼此都是個困擾。

射手座 ◉ 兩人非常類似，在相遇的瞬間就點燃了愛情的火花。不過都是善變的人，想要長久就要多加努力。

摩羯座 ○ 摩羯座非常樸實努力，若和行動先於思考的射手座在一起，要花時間才能互相理解。

水瓶座 ◎ 好奇心強、喜歡刺激的射手座，和對新的領域很有興趣的水瓶座在一起的話，這一對會時常引起周圍人的矚目。

雙魚座 × 感情豐富的雙魚座令人具有好感，但射手座討厭被束縛，雙魚座的溫柔會讓他有窒息感。

☆你的星座婚姻適合度

白羊座 ◉ 因爲一見鍾情，燃起愛情火花，最後結婚了。只不過白羊座在金錢上較大意，你必須加以掌握。

金牛座 ○ 性格方面是正反兩面的對象，必須能配合對方的步調。金牛座很誠實，生活很安定，屬大器晚成的類型，你的將來充滿樂趣。

雙子座 ◎ 兩人都是好逸樂的類型，婚後因工作關係，時常分開，使得生活更具新鮮感，彼此的關係也得以長久。此外，兩人是熱心教育的父母。

巨蟹座 △ 適合度不高，但可能會因爲對方劇烈的感情而結婚。巨蟹座非常重視家庭，你做家庭主婦較好。

獅子座 ◉ 兩人都喜歡戲劇般的人生，這點是一致的，所以婚後會過著富於變化的生活。

處女座 × 處女座追求能理解自己的夢想，能和自己一起努力的對象。你若

無法符合他的要求，就無法繼續，所以要有犧牲的精神。

天秤座 ◎ 這是都會性、帥氣的一對，結婚也不錯。遇到大困難，兩人也能合力超越。

天蠍座 △ 適合度不高，但對方若較熱情，就能過著幸福的生活。

射手座 ● 兩人的個性和感性能夠互相理解、協調，結婚是不錯的一對，不管碰到任何問題，兩人都能超越，過著幸福的日子。

摩羯座 ○ 較內向的摩羯座和外向的射手座適合度不高，婚後爲了超越生活上的困難，兩人必須多加努力。別忘記要保持尊敬對方的心態。

水瓶座 ◎ 水瓶座非常重視友情，結了婚重視朋友仍甚於家人，所以最好不要干涉其朋友關係。此外，他不喜歡被束縛，也不喜歡束縛人，所以會尊重你的意見、工作和興趣。

雙魚座 × 你們的適合度不高，尤其對方若工作不順，就不會支持你，這樣你就會很辛苦。

☆外遇行為

白羊座 ◉ 兩人都是行動先於思考的類型，一旦燃起愛的火花，就會完全忘掉別人的眼光，陷入熱戀。

金牛座 ○ 即使對方對你有意思，你若不採取行動，兩人的關係很自然就不再。

雙子座 ◎ 這是不管在精神上、肉體上適合度都很好的一對。對方是機會主義者，你若不配合，就無法持續。

巨蟹座 △ 性格方面並不適合，交往無法持續，必須有共同的興趣，才可能持續。

獅子座 ◉ 都擁有火般的熱情，雖然是外遇，但也會有充滿精力的交往。

處女座 × 這是很容易因爲對方的熱情而陷入的類型。交往時最好能以嚴厲的眼光看待。

天秤座 ◎ 對方是很受女性喜歡、容易有桃花的類型，即使和你交往，但不很認眞，你最好別陷得太深。

天蠍座 △ 對方不太會表露出自己的感情，對你的感情深度你很難了解。一旦陷入熱戀，就會長久交往下去。

射手座 ◉ 不管世人的眼光，一旦放下感情，就都不管了。是很現代的一對。

摩羯座 ○ 能畫清界線交往，就能長久持續。你非常重視社會地位，對方若從現在地位退下，你就會和他分手。

水瓶座 ◎ 對自己所愛的人，會積極追求。面對這樣的水瓶座，你會不顧周圍人的想法而愛上他。

雙魚座 × 兩人的想法、生活方式，基本上有很大的不同，所以無法長久持續，會自然結束。

摩羯座

☆你的戀愛模式

善加思考的摩羯座即使喜歡某個人，也會暗藏在心中，大多是單戀。有時要嘗試提出勇氣，採取行動。比較內向的你，應該要嘗試把感覺表現出來。

☆建議約會場所

與其到野外，不如到美術館、電影院、古典音樂會等讓人安定的場所較適合。

☆你的分手模式

絕對不會背叛對方的摩羯座一旦面臨分手，必須花很長一段時間來療傷。

☆你的婚姻模式

非常嚴肅樸實的摩羯座希望擁有安心穩定的家庭生活。

☆你的星座戀愛適合度

白羊座 ×摩羯座是非常樸實努力的人，在白羊座眼中看來，你們是不同的人，所以進展不佳。

金牛座 ●兩者都是較樸實的類型，彼此能理解對方的優點，能夠踏實地培育愛情。

雙子座 △雙子座非常具社交性，頭腦轉得快，在你的眼中看來，他具有你所欠缺的魅力，很能吸引你，但不久你就會發現對方的缺點。

巨蟹座 ◎巨蟹座喜歡照顧人，富有親和力，是能讓你安心交往的對象，能了解你愼重的性格。

獅子座 ○喜歡戲劇性的獅子座對愼重的摩羯座來說，要配合他的步調很辛苦。此外，獅子座比別人更耐不住寂寞，你必須以溫柔的心對待他。

處女座 ◉ 兩者都是內向類型的人，了解對方要花時間，在穩重的態度下，慢慢培養愛情。

天秤座 × 摩羯座是樸實、現實派的人，天秤座在這種情況下會感到很棘手。這樣很難成爲戀人。

天蠍座 ◎ 天蠍座重視眞實愛情勝於金錢，而你也非常愼重地追尋不會背叛自己的人，所以你們的適合度高。

射手座 ○ 射手座是樂天派，充滿行動力，和樸實、愼重的摩羯座在一起，任何事情都無法配合。

摩羯座 ◉ 彼此都非常樸實，能了解對方，都讓人能安心的交往對象，適合度高。

水瓶座 △ 樸實努力的摩羯座和只對新事物有興趣的水瓶座，對人生的想法不同，很難湊在一起。

雙魚座 ◎ 雙魚座獻身性的行爲，和溫柔的性格讓人感到溫暖，兩人能在信賴感中交往。

☆你的星座婚姻適合度

白羊座 × 摩羯座忍耐力強，又很努力，態度溫柔，這些都很重要。隨著年齡的增加，經濟會好轉，開創出一條道路。

金牛座 ◉ 兩人都能了解對方的優點，努力建造自己的家，很注重家庭，彼此能在充滿幸福感之中生活。

雙子座 △ 兩人生活方式不同，你必須能配合對方步調，這樣才能繼續下去。此外，雙子座喜歡外出工作的女性，所以他也希望你如此。

巨蟹座 ◎ 和巨蟹座這種重視家庭的人結婚，能創造美好的家庭，不過兩人都很頑固，必須有寬容的心。

獅子座 ○ 喜歡奢華的獅子座是很害怕寂寞的人，你的溫柔對待一定能掌握對方的心。但對方是個浪費的人，你必須能確實掌握。

處女座 ◉ 兩個人都內向，能營建出實在的家庭。對方希望你在他身邊，最好盡可能一起打網球，或參加音樂會。

天秤座 × 彼此都了解對方優點，但經常只看得到對方的缺點。如果彼此相

愛，只要多努力，應該也能過著幸福的生活。

天蠍座 ◎ 非常認真的摩羯座和愼重的天蠍座彼此若能信賴，就能夠在一起，維持安靜穩定的家庭生活。

射手座 ○ 能認同射手座自由奔放的個性的話，即使是焦躁類型的人，也能和優閒類型的人在一起，步調雖然不同，也能建造良好的婚姻生活。

摩羯座 ◉ 對自己的忍耐和努力很自豪，兩人都很有生活能力，過著安定的生活。

水瓶座 △ 水瓶座富社交性，具領導性格，逐漸會獲得社會地位，這時才會注意家庭，你的忍耐力是你唯一的支持，會辛苦比較久。

雙魚座 ◎ 兩者都很內向、愼重，對彼此有深厚的信賴感，建立安定的家。即使對方的生活能力不佳，你也能守護家庭，經常勉勵他。

☆外遇行為

白羊座 × 根本上你們適合度不佳，要互相理解不太容易，很快就會分手。

金牛座 ◉ 兩人非常重視彼此的關係，家庭之外，你會非常重視和他的關係，會很努力。

雙子座 △ 因爲彼此喜歡而開始交往，但不會爲了持續而做努力。會突然分手。

巨蟹座 ◎ 才認識就覺得認識了很久，很自然地開始交往。

獅子座 ○ 你會因爲他高尚的品格而受吸引，但生活上的摩擦會導致分手。

處女座 ◉ 對方感情非常激烈，你若能巧妙接納，就能處理得好，兩人關係就能持續。

天秤座 × 對方非常重視感覺，你非常現實性的言行舉止，使這段感情無法持續下去。

天蠍座 ◎ 這是兩個類似的人，會因吵架互不相讓，而導致分手。

射手座 ○ 對方認爲和人交往有時太過浪費時間，就這樣瞬時一乾二淨。你們的關係會持續到什麼時候不得而知。

摩羯座 ◉ 適合度高，但兩人關係過於引人注意，可能會受周圍的人批判，要慎重。

水瓶座 △ 對方對所愛的人會如夥伴般交往，這點你無法理解，造成你自己欲哭無淚的情形。

雙魚座 ◎ 對方是重視現實的類型，除了經濟寬裕之時以外，必須堅守分攤主義，否則無法長久持續。

水瓶座

☆你的戀愛模式

水瓶座非常冷靜，抱持博愛主義，追求朋友般無拘無束自由的愛，除了戀人以外，還結交了很多異性朋友。這種人的嫉妒心、獨占慾不強，可是有時會覺得對象還不夠。

☆建議約會場所

朋友很多的水瓶座經常和團體出遊，可以考慮只有兩人單獨約會的獨特場所。

☆你的分手模式

水瓶座對束縛最感棘手，當感覺到來自對方的壓力時，就會宣布分手，是

能夠冷靜分手的人。

☆你的婚姻模式

朋友很多的水瓶座經常在家裡開派對，會有個開放性的家庭。

☆你的星座戀愛適合度

白羊座 ◎ 白羊座充滿正義感，精力充沛，富行動力，你一定會認爲他是值得信賴的人，他也會認爲你具有獨特思想、樂天，因而對你產生好感。

金牛座 × 兩人性格完全不同，都慣以自我爲中心，是不太可能互相吸引的組合。

雙子座 ◉ 和話題豐富的雙子座在一起，能度過愉快的時光，不管是兩人獨處還是團體行動，都是溝通良好的一對。

巨蟹座 ○ 巨蟹座非常親切，喜歡照顧人，因爲受到他的幫助而開始交往，不過對方的獨占慾可能會讓你有窒息感。

獅子座 ◎ 對方的交往方式非常帥氣，讓人感覺到是具有包容力的人。你的競爭對手很多，不過在開始交往時，在你有困難時他會給予全力的支援，是個誠實的人。

處女座 △ 處女座是有潔癖的完美主義者，對你的追求理想之路會做仔細的確認，這點會讓你覺得很無趣。

天秤座 ● 天秤座非常理智，不會沈溺於情感，兩人會有愉快的談話，彼此不會覺得厭煩。

天蠍座 × 用心細微、神秘主義的天蠍座和開放的水瓶座要交往，是不太容易的。

射手座 ◎ 射手座自由開放，討厭被束縛，在一起時很愉快。但射手座有時只是要享受戀愛的樂趣，這點要注意。

摩羯座 △ 明朗的水瓶座對摩羯座抱有陰沈的印象，但摩羯座能貫徹誠實的愛。要能體貼對方。

水瓶座 ● 兩人都對驕寵對方感到棘手，擅長淡薄的交往，要成為情人，得花一段時間，但適合度高。

雙魚座 ○ 雙魚座具獻身性的溫柔，但對討厭被束縛的水瓶座來說，會有窒息感，這是很困難的一點。

☆你的星座婚姻適合度

白羊座 ◎ 白羊座具行動力，會朝著目標前進，顯得過於急進，需要你的幫忙，加以彌補，這樣就能創造良好的家庭生活。

金牛座 × 適合度低。要能配合對方的生活律動，你必須以愛做支持，多加努力。

雙子座 ◉ 兩人的感性、個性都很合適，能創造良好的家庭氣氛。此外，兩人都具社交性，朋友很多，家裡常會聚集朋友，成為開放性家庭。

巨蟹座 ○ 巨蟹座是家庭第一的人，獨占心強，會讓你覺得有束縛，雖說有此不滿，但彼此要尊重。

獅子座 ◎ 獅子座能非常靈活地開創自己的人生，彼此能夠成為良好的合作對象。

處女座 △ 你們的適合度不太好，爲了順利持續下去，你必須能配合對方，控制自己的情緒。

天秤座 ◉ 這是能夠平衡、擁有美滿生活的一對，兩人在工作上都很活躍，有朋友幫助，財運也不錯。

天蠍座 × 天蠍座忍耐力強，能改善逆境。彼此雖有不能協調之處，但要花時間去理解。

射手座 ◎ 兩人都很愛好自由，以前就不太在乎社會習慣和一般常識，按自己的步調生活。

摩羯座 △ 摩羯座是樸實努力的人，如果兩人都這樣，應該會順利下去。如果你能找到適合的職業，工作上應該會有良好評價，得到周圍人的協助和支援。

水瓶座 ◉ 這是有如朋友般的一對，興趣、運動方面都能共享，會創造出美滿的家庭。此外，家庭得到友情的滋潤，遇到困難時會伸出援手，結果都能度過難關。

雙魚座 ○ 兩人在各方面雖然都有差異，但也可以持續下去。雙魚座對所愛的人會以獻身待之，只要兩人多努力，可以建立美滿的家庭。

☆外遇行為

白羊座 ◎ 想要光彩照人，若能靈巧控制，應該是做得到的。兩人的戀情不會太過固執。

金牛座 × 經過一、兩次的出遊而繼續交往，如果眞的付出感情，則又另當別論。

雙子座 ◉ 相見時的閒聊讓人覺得這是令人愉快的對象，不過如果是談戀愛，就有點危險了。

巨蟹座 ○ 對方是獨占慾很強的類型，一旦認眞起來，就逃不掉了。大多會造成不好的回憶。

獅子座 ◎ 這是像老大般個性的人，你會經常找他商談，他會很照顧你。經此發展，成爲戀情。

處女座 △ 兩人會因人生觀的不同造成摩擦，是不易成爲組合的一對，如果喜歡上對方，會是一場苦戀。

天秤座 ◉ 即使喜歡也不會有性關係，這是能享受知性人生的一對，然而這種狀況無法永遠持續下去。

天蠍座 × 現在只看到對方的缺點，適合度低，然而一旦喜歡上對方，就會有不好的回憶。

射手座 ◎ 兩人對生活方式不會太固執，能互相幫助，可是一旦出現裂痕，就不會恢復。

摩羯座 ○ 不要勉強把你的想法塞給對方。對方如果了解你想要自由的心態，可能就會繼續進展。

水瓶座 ◉ 雖然常吵架，但彼此充滿愛情。結婚、外遇等世上既有的價值觀，不會成爲這兩人的阻礙。

雙魚座 ◎ 雖說或多或少的差異會產生問題，但兩人間的愛情會將之一一克服，只不過這並無法保證幸福。

雙魚座

☆你的戀愛模式

羅曼蒂克的雙魚座較易受到別人的吸引，但自己很少積極採取行動。很體貼，能爲對方做出獻身的付出，但常被背叛，受傷後馬上又開始新的戀情。

☆建議約會場所

喜歡跳舞的雙魚座可以去舞廳，或是到海邊。

☆你的分手模式

背叛的痛苦回憶造成優柔寡斷的態度。過分注意對方的表現，是造成雙魚座分手的原因。

☆你的婚姻模式

這種付出獻身愛的類型，在家裡是賢妻良母。

☆你的星座戀愛適合度

白羊座 △白羊座粗枝大葉，雙魚座感覺纖細，兩人氣質相反，是較困難的配對。

金牛座 ◎金牛座是能接受你的愛的對象，如此你能安心地打從內心和他交往。

雙子座 ×雙子座是個社交家，對戀愛抱著遊戲的心態加以享受，對雙魚座的感情不會太重視。

巨蟹座 ◉對內向、羅曼蒂克的雙魚座來說，這是可以安心交往的對象，彼此認同同樣的目標，可以孕育出忠誠的愛情。

獅子座 △獅子座的外向、熱情和雙魚座的纖細不太適合，大多會讓你感到很累。

處女座 ◎ 兩者都是感覺纖細、羅曼蒂克的人，彼此有強烈的吸引力，然而類似的部分正會造成傷害，交往時要好好努力。

天秤座 ○ 天秤座可說是八面玲瓏的機會主義者，不太重視周圍人的眼光。雖說不要太在意對方的缺點，但這對的適合度並不高。

天蠍座 ● 天蠍座只要認定這個人，就會貫徹他堅誠的愛，這和雙魚座獻身性的愛可以相應和。

射手座 × 射手座對別人的感覺較遲鈍，對你的纖細溫柔大多無法了解，所以這並非很好的組合。

摩羯座 ◎ 摩羯座是努力慎重的人，你對他會有好感。對方也會受到你的吸引，慢慢會培養出愛情。

水瓶座 ○ 非常冷靜的水瓶座，沒有很強的獨占慾，無法陷入戀愛之中，他較期待的是朋友般的戀情，對獻身性的雙魚座不太適合。

雙魚座 ● 兩人同樣是雙魚座，感受性都很強，能體貼對方，容易理解對方。

☆你的星座婚姻適合度

白羊座 △ 你會扮演妻子的角色，爲家庭獻身。你和白羊座的適合度不高，但還是能過著安泰的生活。若和對方雙親個性不合，最好避免同住。

金牛座 ◎ 這對非常平凡，但生活方面非常豐富，多彩多姿，對社會規則非常尊重，和朋友關係良好，能得到周圍人的信賴，過著誠實的生活。

雙子座 × 適合度不高，會有悲哀的回憶。不過如果愛對方的話，你的態度能改變對方。此外，要拓展興趣，要有生活目標。

巨蟹座 ● 兩人都很重視感情，也重視家庭，能建立安定幸福的家庭。但是巨蟹座很容易嫉妒，要小心。

獅子座 △ 這是非常熱情的對象，但對自己的家很沒耐性，而且會表現出傲慢的一面。若想讓婚姻生活順利，就不要太順從對方，要把自己的意見說出來。

處女座 ◎ 完美主義的處女座因爲太熱衷工作，無法照顧家庭，這時你要能幫助對方的工作，提供必要的環境。

天秤座 ○ 你會看到對方的缺點，但他的溫柔和對美感的敏銳度，讓你覺得充滿魅力。只要一起努力，就能使婚姻生活順利。

天蠍座 ● 彼此有很深的信賴感，能夠建立穩定的家庭。天蠍座的生活能力強，會爲家庭努力工作。

射手座 × 這是沒有交集的一對，若能彌補對方的缺點，多加努力，應該也能順利。

摩羯座 ◎ 摩羯座的樸實能建立穩固的家庭。但摩羯座的過度愼重，可能喪失時機，這時你要支持他，提供協助。

水瓶座 ○ 水瓶座期望婚姻生活如朋友一般，所以你最好不要黏住他，要把自己的夢想擺在第二位，爲家庭努力，這樣你總有一天能發揮自己的才能，獲得自己的幸運。

雙魚座 ● 同樣是雙魚座，婚姻生活不會很辛苦，可以過著休閒平穩的生活。婚後要取得技術資格，在工作上好好發揮。

☆外遇行為

白羊座 △ 沈醉在愛情之中，精神和肉體無法取得平衡，這對你來說有負面影響。

金牛座 ◎ 雖然知道不可能結婚，但喜歡上就不會放棄。不過，這都是苦戀，盡可能保持距離較好。

雙子座 × 你的愛無法率直地向對方表達。你愛對方比對方愛你來得多，這種戀情無法長久。

巨蟹座 ◉ 愛得愈深愈無法分手，只會讓你有痛苦的回憶。可能會在卡拉OK或PUB相遇。

獅子座 △ 外表和內心有很大的差距，但你受到他外表的吸引，就這樣開始交往，最後因爲其難以忍受的缺點而分手。

處女座 ◎ 兩人都非常羅曼蒂克，會讓淡淡的戀情持續下去，一旦實際產生問題，自然就會分手。

天秤座 ○ 對方優柔寡斷，很難表現出明確的心態，當你喜歡上對方，你的痛苦就沒完沒了。

天蠍座 ◉ 對方是現實主義者，喜歡夢想的你，總有一天會受到對方影響。重視精神勝於性愛。

射手座 × 羅曼蒂克的你和射手座的適合度本來就不好，所以你會很累。

摩羯座 ◎ 對方迷戀你的時候，什麼都會爲你付出，不過反過來的時候，就樣樣都相反。

水瓶座 ○ 相愛會造成兩人的覺醒，雖然是外遇，也有可能很認眞。

雙魚座 ◉ 意氣相投，追求兩人的愛情。由於相愛，很可能會逃避社會。

第三章

你要如何和周圍的人靈活交往？

白羊座

白羊座 ◉

• **和同性的適合度**　彼此很類似，都具有大將之風，這樣的性格，在工作、學習上能彼此切磋協助。

• **和前輩、晚輩的適合度**　不會太拘泥於上下關係，即使吵了架，也會很快忘得一乾二淨，又愉快地在一起閒聊。

金牛座 ○

• **和同性的適合度**　對方會在學習、工作上教導你，但經過一段時間的共處，你可能會覺得很辛苦。

• **和前輩、晚輩的適合度**　你不管在任何立場，都想立於上位，所以會很努力。對方如果是程度好的前輩，你可能會尊敬他，否則態度上會顯現出缺點。對晚輩你若看到對方的缺點，會伸出援手。

雙子座　◎

‧**和同性的適合度**　雙子座頭腦轉得快，可說是智多星，注重靈感，你們意氣相投，但對方有雙面性格的問題。而若是產生競爭問題，也無法順利，這點要注意。

‧**和前輩、晚輩的適合度**　發生誤會時，不管對象是前輩還是晚輩，都能妥善處理。只要多注意，問題應該不會擴大，大多能朝解決方向前進。

巨蟹座　×

‧**和同性的適合度**　巨蟹座是溫厚愼重的努力家，對整理筆記很在行，考試前可以倚賴他，但要是被他知道你在利用他，他會對你不信任。

‧**和前輩、晚輩的適合度**　巨蟹座是容易以感情為優先的類型，別忘記要對對方表示體貼。溝通良好時，一旦要行動就能產生效用。

獅子座 ◎

・**和同性的適合度** 彼此有很多共同點，從運動、興趣方面著手，更容易親近。雖然你想要掌握指導權，但還是讓給對方較好。

・**和前輩、晚輩的適合度** 最重要的是，對前輩要經常表現出尊敬的態度，對晚輩可表現出以自我為中心的一面，但仍要以寬容的心待之。

處女座 ○

・**和同性的適合度** 純情的處女座在你眼中很有魅力，他的分析能力和企劃能力非常優異，因此，在學習和工作方面是你學習的對象。不過處女座較注重細微小節，所以你不要太過粗率。

・**和前輩、晚輩的適合度** 這都是比較囉嗦的前輩，你要多加注意。晚輩一樣也很注重細微小節。

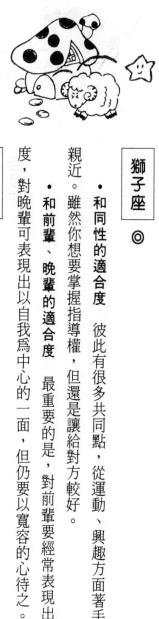

天秤座 ◎

・和同性的適合度　出現問題時，他能確實幫助你，是值得信賴的對象。

・和前輩、晚輩的適合度　是公認的美人，也是讓人憧憬的前輩，也許因為他對任何人都待以親和的態度，你會對他有所不滿。晚輩是很小心的人，但你們的關係還不錯。

天蠍座 △

・和同性的適合度　天蠍座具很強的耐性，是努力家，不管對什麼事都會努力地做到大家能接受的程度。和你配合時，有時會想在適當時機告一段落，但似乎不太容易。

・和前輩、晚輩的適合度　如果是前輩，會較沈默，你和他交往會較辛苦，他的話不多，除了理解他以及對他忠誠的人之外，他是不會認同別人的。如果是晚輩，你也不會聽到他的閒話，重要的話只要一句就夠了。

射手座 ◉

•和同性的適合度　兩個都是對新奇事物有興趣，具挑戰精神的人。不管任何時候在一起，都會很愉快，彼此都能有所發展。

•和前輩、晚輩的適合度　前輩有時候會擺出前輩的樣子給你看，讓你覺得很無趣，但社會上總是存在著這種上下關係，你得尊重這種情形。如果是晚輩的話，你的主張可以傳達給他，但你也會率直地照顧對方。

摩羯座 ×

•和同性的適合度　有不知道的事情去問樸實的摩羯座，他會很親切的教你，可是教你的時候，他有他的自尊，這點得特別注意。

•和前輩、晚輩的適合度　前輩非常認眞，可是欠缺融通性，你與其自由活動，不如順從的行動較好。晚輩則能補足你的缺點，提高彼此的信賴感很重要。

水瓶座 ◎

•和同性的適合度 非常有才能，行動力強，不管任何事都能積極配合行動，是彼此互相幫助的組合。

•和前輩、晚輩的適合度 前輩是很有才幹的人，很快就能看出你的心態，加以控制，是很有魅力、才智超群的前輩。晚輩具有他獨特的風格，會成爲你的助力還是敵人，就不知道了。

雙魚座 ○

•和同性的適合度 這是待人親切、但屬於消極的類型，如果你不主動和他說話，是不會有溝通的。

•和前輩、晚輩的適合度 若是前輩，則是體貼的人，但在他後面說壞話是禁忌。若是晚輩，態度並不強勢，很難知道他眞正的心態，當你身體不好，或是發生困難時，會成爲你眞正可以信賴的對象。

金牛座

白羊座 ○

•**和同性的適合度**　你常和各種階層的人來往，必須磨練自己的心態。和行動派的白羊座在一起，你可以和他交換意見。

•**和前輩、晚輩的適合度**　前輩是較沒耐性的人，你要盡可能配合其步調。對晚輩則提供可採取行動的環境，使其可以充分行動，若他開始有厭倦感，就會出現問題。

金牛座 ◉

•**和同性的適合度**　兩人步調都較緩慢，較易協調，但吵起架來一樣頑固。

•**和前輩、晚輩的適合度**　前輩雖較囉嗦，表面上還是要予以尊重。晚輩

可以較輕鬆地接觸，但他較欠缺通融性，要注意其頑固的一面。

雙子座 △

・**和同性的適合度** 兩人都有頑固之處，有摩擦時非常麻煩。對方點子很多，腦筋轉得快，會得到其幫助。

・**和前輩、晚輩的適合度** 前輩雖較隨便，但仍然要尊重他。晚輩會調查各式各樣的情報，這點很值得你接納他。

巨蟹座 ◎

・**和同性的適合度** 你們是可互助的對象，信賴感深，對方會拼命爲你賣力。此外，他是個收藏家，如果和他談收藏的事，他會很高興。

・**和前輩、晚輩的適合度** 前輩好惡分明，較感情化。晚輩很注意小節，較易交往。

獅子座 ×

•**和同性的適合度**　雖說兩人感覺上有所差異，但對方具有你欠缺的特質，所以充滿魅力。對方自尊心較強，你要有心理準備。不管任何事情，若對方對你很親切，則你都應表示感謝。

•**和前輩、晚輩的適合度**　前輩從外表看來非常豪爽，對他所講的事情最好直接去做，這樣會比較輕鬆。晚輩是較麻煩的對象，不要勉強，依當時情形應對即可。

處女座 ◉

•**和同性的適合度**　兩人能互相配合，不管是學習、運動或興趣，都能互相幫助。此外，對方較注重細微小節，其整理能力值得你學習。

•**和前輩、晚輩的適合度**　前輩態度溫和，但也有一些不合處，你的粗心之處他會馬上加以確認。晚輩會努力爲你做事，但在小事上確實很囉嗦。

天秤座 △

- **和同性的適合度** 兩人雖有共同部分，但當興趣和行動範圍有距離時，就很難走在一起。
- **和前輩、晚輩的適合度** 對前輩要注意表面上的舉止，可能較易交往，此外，他較追求時尚。晚輩易有夢想，優柔寡斷，會讓你頭痛。

天蠍座 ◎

- **和同性的適合度** 有很多神秘之處，讓人感到其深沈。對方不是行動派的人，一起工作時，能互相幫助，兩人能力都有發展。
- **和前輩、晚輩的適合度** 前輩沈默，讓人不敢接近，遇事時表現出與我無關的樣子，讓人很辛苦。晚輩則會靜靜聽你說話，給予協助。

射手座 ○

- **和同性的適合度** 和穩重、休閒的你相較之下，對方充滿冒險心和自由

性，一起工作時，會非常投入。

●**和前輩、晚輩的適合度**　前輩較急躁、沒耐性，和他交談時，要只講重點。他喜歡新奇事物，送他獨特的禮物，會讓他高興。晚輩和前輩一樣急躁、沒耐性，讓他有強烈的責任感，對工作有很大的幫助。

摩羯座 ◎

●**和同性的適合度**　樸實的摩羯座非常節省、不浪費，在一起不管在哪裡，都能靈巧地配合你的步調。

●**和前輩、晚輩的適合度**　前輩非常認真、賣力，但卻讓人覺得陰沈、有壓迫感，似乎欠缺理性。晚輩較易相處，除了你說的之外，他不會多生是非，讓你頭痛。

水瓶座 ×

●**和同性的適合度**　這是懂得要領、頭腦很好，能敏銳看清對方的天才類型，是讓金牛座感到棘手的對象。

•和前輩、晚輩的適合度　前輩是冷靜、自信、優異的領導類型，面對所有的事都重視其合理性，但漠視情感。晚輩不會情緒化，會不在乎地說出一些尖銳的話，但其實他沒有惡意，不必太在乎。

雙魚座　◎

•和同性的適合度　這是富順應性、溫和的人，如果你要依賴他，他也不會拒絕，以充分服務精神照顧周圍的人，是個能讓人安心的合作對象。

•和前輩、晚輩的適合度　前輩溫柔敦厚、喜歡照顧人，能讓人安心。晚輩似乎過分消極，你必須主動才行。

雙子座

白羊座 ◎

・**和同性的適合度**　對方非常外向，不會讓人覺得無聊，和雙子座適合度高，各方面都能互助合作。

・**和前輩、晚輩的適合度**　前輩沒耐性、易發怒，但很快就忘得乾淨，無須擔心。晚輩態度狂妄自大，易受他人慫恿，你必須能帶領他，讓他發揮。

金牛座 △

・**和同性的適合度**　對方有自我中心的一面，不管做任何事步調都很優閒，讓人有信賴感。但在某些情況下，金牛座遲緩的步調讓人覺得無法跟上。

・**和前輩、晚輩的適合度**　前輩非常頑固，但若溫和地表達自己的意見，他也會尊重。晚輩的遲緩步調則經常會造成問題，必須注意支援。

雙子座 ◉

・**和同性的適合度**　這是十分注重合理性、精於計算、很有自信的人，善於言詞，很有人緣。兩人是同類型的人，馬上就能互相配合。

・**和前輩、晚輩的適合度**　對雙子座的前輩訴之以情，是講不通的，必須採取知性方面，才能成功。晚輩的才華要注重，讓他能夠發揮。

巨蟹座 ○

・**和同性的適合度**　對方喜歡照顧人，非常溫柔，容易移情，只要確定目標，就會很賣力。兩人能互補缺點。

・**和前輩、晚輩的適合度**　前輩很會照顧人，知道對方的喜好，能愉快相處。晚輩很注意小節，要注意其情緒化的一面。

獅子座 ◎

・**和同性的適合度**　對方充滿自信，這可能是你所憧憬的。兩人的適合度

高，從藝術或運動方面接近，會成爲好朋友。

●**和前輩、晚輩的適合度**　前輩大而化之，易於交往。晚輩也活潑開朗。

處女座　×

●**和同性的適合度**　處女座注重清潔與小節，是完美主義者，和雙子座差異極大，若聊太久，可能會發生問題。若有借貸，一定要確實清還。

●**和前輩、晚輩的適合度**　即使是非常安適的前輩，若其弱點被指摘出來，態度也會爲之一變，要特別留意。此外，這是易害臊的類型，不要說黃色笑話。對晚輩盡量不分年紀，談些興趣方面的話題，對方即能配合你的步調。

天秤座　◉

●**和同性的適合度**　天秤座的想法、行動都很率性，兩人能發揮智慧，彼此配合。

●**和前輩、晚輩的適合度**　要和前輩溝通是不可能的，他不會輕易顯示出自己的弱點，要與之親近是不可能的。晚輩不會出差錯，是可借重的人。

天蠍座 ○

・和同性的適合度　兩人互有對方不足之處，這是讓你在意的人。對方的神秘與穩重，讓你感到很有魅力。

・和前輩、晚輩的適合度　天蠍座的前輩不會把內心想法表現出來，讓你不知道怎樣才好，想縮短距離必須由你主動。和晚輩融合相處，得花些時間，一旦他敞開心胸，則永遠都對你有信賴感。

射手座 ◎

・和同性的適合度　對方個性較自由，兩人適合度高。

・和前輩、晚輩的適合度　前輩非常易變，你表達意見時，必須抓住重點，言簡意賅。晚輩不喜歡拖延，凡事都要迅速。

摩羯座 △

・和同性的適合度　摩羯座是樸實的類型，對自己信賴的人會盡全力幫

助。可以信賴他，別想利用他。

・**和前輩、晚輩的適合度**　前輩具大方和神經質的兩極化特性，小事上很囉嗦，對想做的事態度嚴謹。冒失的態度是禁忌。對晚輩不要過度干涉，尤其要尊重其自尊心。

水瓶座　◉

・**和同性的適合度**　兩人好奇心都很強，喜歡刺激，很快就會意氣相投。

・**和前輩、晚輩的適合度**　這是充滿魅力的前輩，某方面很冷淡，但很重視朋友和同事。晚輩是和藹、話題豐富的人。

雙魚座　△

・**和同性的適合度**　雙魚座很有人情味又羅曼蒂克，重視感覺，不太容易交往，好惡分明。若知道其喜好，交往就較容易了。

・**和前輩、晚輩的適合度**　前輩較溫和，重視別人勝過自己，大多無法充分發揮自己的才能。晚輩是好好先生，工作上有所堅持，受人幫助不忘報恩。

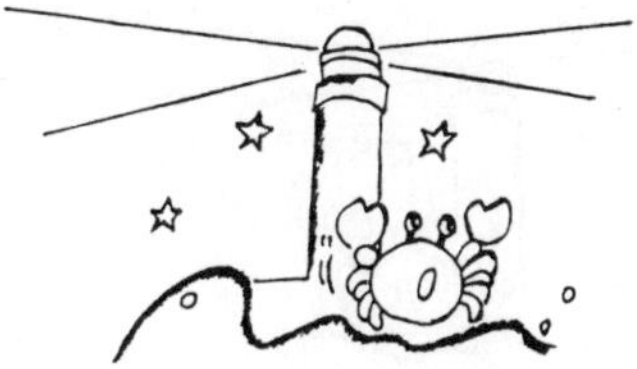

巨蟹座

白羊座 ×

・**和同性的適合度**　白羊座對你來說是積極的行動派，可能會讓你感到棘手。任何事儘量配合對方的步調，就不會產生問題。

・**和前輩、晚輩的適合度**　前輩會培養晚輩，讓晚輩發揮才能。晚輩是你不發怒他就不去做的對象。

金牛座 ◎

・**和同性的適合度**　社交能力較差，若能敞開心胸彼此接納，則會是很好的朋友。

・**和前輩、晚輩的適合度**　前輩不喜歡你行事逾矩，重要的是能配合他的步調。晚輩雖頑固，卻是一起工作的好對象。

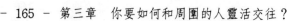

雙子座 ○

• **和同性的適合度** 雙子座生性活潑，喜歡交朋友，和你互成對比，但他很有魅力，是很好的談話對象。

• **和前輩、晚輩的適合度** 前輩是喜歡說話、充滿好奇心的類型。可提供情報給他，讓他感謝你。晚輩要多加指導，讓他安定下來。

巨蟹座 ◉

• **和同性的適合度** 彼此交談會感到愉快，也讓你更加明朗。不過，照顧人也要有限度。

• **和前輩、晚輩的適合度** 前輩對部屬會全力投注，不會背叛。晚輩會採順從態度，是容易相處的對象。

獅子座 △

• **和同性的適合度** 在對方遭遇困難時伸出援手，日後就會有更深一步的

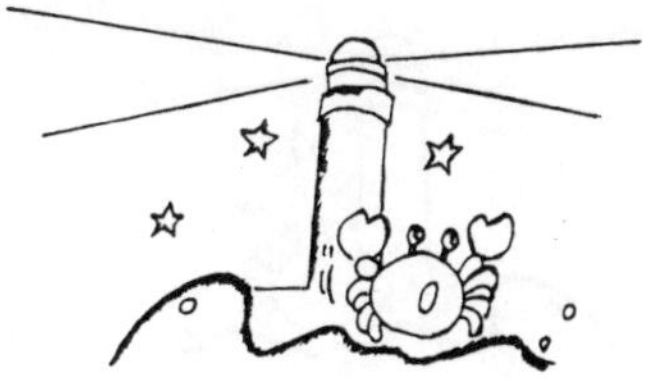

交往。

・**和前輩、晚輩的適合度**　前輩會給予適當配合。晚輩很有自信，有時你的多言會帶來麻煩，要多注意。

處女座 ◎

・**和同性的適合度**　處女座是很神經質的完美主義者，了解這點，就能成爲好朋友。

・**和前輩、晚輩的適合度**　前輩對工作或任何事都希望正確完成。後輩很有整理能力，無論如何都要溫柔待之。

天秤座 ×

・**和同性的適合度**　天秤座冷靜、充滿時代感，在你眼中很有魅力。但你們的適合度不高，與其一對一來往，不如團體交往較適當。

・**和前輩、晚輩的適合度**　前輩充滿批判性，你要能夠接納。對晚輩要避免說出激烈言語。

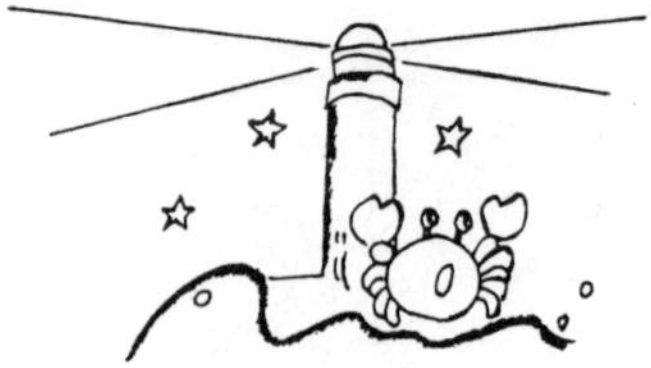

天蠍座 ◉

•和同性的適合度　天蠍座不管什麼事都很慎重，和人交往也較冷漠，和他親近要較花時間，可是適合度不錯。

•和前輩、晚輩的適合度　前輩很難說出想說的話，你最好自己採取主動。晚輩忍耐力強，責任感也強，很值得信賴。

射手座 △

•和同性的適合度　自由奔放的射手座具有你所欠缺的個性，在你眼中充滿魅力，但你可能會被他甩掉。

•和前輩、晚輩的適合度　前輩較無耐性且易變，不要受到其影響。晚輩易受人慫恿，你必須多加引導。

摩羯座 ◎

•和同性的適合度　摩羯座不擅於與人交往，你必須尊重他，他會充分協助你，成為你很好的夥伴。

•**和前輩、晚輩的適合度**　前輩對自己很嚴厲，不喜粗率，對你來說相處較勉強。晚輩只要教他技巧，就能輔助你。

水瓶座 ○

•**和同性的適合度**　水瓶座頭腦動得快，洞察力強，有很多朋友，在團體間容易親近，更容易交往。

•**和前輩、晚輩的適合度**　前輩看來冷靜，很難接近，實際上並非如此。照顧晚輩，恰到好處就好。

雙魚座 ◉

•**和同性的適合度**　雙魚座能體貼人，感受性強，你們的共同點很多，意氣相投，但不要忘了體貼對方。

•**和前輩、晚輩的適合度**　面對會照顧別人的前輩，要不失禮儀地應對。面對消極的晚輩，要給他健康的人生觀。

獅子座

白羊座 ◉

•**和同性的適合度**　對方也是積極、有行動力的類型，在權力關係上或許較易有摩擦。有時你必須退讓。

•**和前輩、晚輩的適合度**　前輩有小孩般的態度，但並非令人憎惡的人。晚輩較急躁、奮勇突進，你必須在背後予以支持。

金牛座 ×

•**和同性的適合度**　金牛座第一眼看來很溫厚，事實上卻非常頑固，和你一樣是固執己見的類型，一下子就會產生大問題。

•**和前輩、晚輩的適合度**　面對前輩不忘保持尊敬態度。面對晚輩，盡可能不去觸怒他。

雙子座 ◎

・**和同性的適合度**　雙子座纖細，具良好感受性，讓你覺得不可思議，能拓寬你的知識和行動力。

・**和前輩、晚輩的適合度**　前輩對人的感覺很敏銳，看事物不只看表面，而能看到其本質。晚輩是不會產生問題、能良好相處的對象。

巨蟹座 △

・**和同性的適合度**　巨蟹座很內向，如果過分勉強，可能會造成你的痛苦。

・**和前輩、晚輩的適合度**　前輩喜歡照顧人，若能好好對他，他會給你各種幫助。一旦得到晚輩的信賴感，你們的距離就會縮近，能掌握時機。

獅子座 ◉

・**和同性的適合度**　彼此都具向上心，非常熱情。這種組合可充分發揮實

力。

•**和前輩、晚輩的適合度**　前輩具強烈領導者意識，自尊心強，指出其弱點是禁忌。晚輩本性率直。

處女座 ○

•**和同性的適合度**　處女座個性纖細，和個性明朗的人大多不易相處。他很會做筆記，這方面大多會給你很大的幫助。

•**和前輩、晚輩的適合度**　前輩第一眼看來非常穩重，具旺盛批判精神，能給你銳利的建議。晚輩會對尊敬的人做出獻身性的行動。

天秤座 ◎

•**和同性的適合度**　對方在範圍之中表現很好，在範圍之外會失去平衡。了解這點就能順利交往。

•**和前輩、晚輩的適合度**　前輩易於交往。你若主動和他交談，會意外發現兩人談得很起勁。和晚輩說話要輕聲細語。

天蠍座 ×

・**和同性的適合度**　在你眼中，這是陰沈的人，但他是努力的人，會給予協助。

・**和前輩、晚輩的適合度**　若能配合前輩的步調，就會很順利。晚輩是老實的人，但遇到事情是值得信賴的對象。

射手座 ◉

・**和同性的適合度**　射手座做任何事都自由行動，和你馬上就意氣相投。這組配對很好。

・**和前輩、晚輩的適合度**　前輩對別人很大方，若和他有共同興趣或運動，則更易接近。晚輩個性爽朗，易於交往。

摩羯座 ○

・**和同性的適合度**　摩羯座很努力，對自己和別人都很嚴謹。所以做事不

要太粗率，否則即使是親近的人，他也會感到厭惡。

・**和前輩、晚輩的適合度**　前輩很認眞，讓你感受到由上而下的壓力。對晚輩不可給予過分干涉，要按照其步調發展。

水瓶座 ◎

・**和同性的適合度**　水瓶座好惡分明，要求理性思考，當你迷惘時，他能給你適切幫助。

・**和前輩、晚輩的適合度**　前輩個性獨斷，你可能會頗爲困擾，最好不要加以反駁。晚輩自我本位很強，你會愈來愈頭痛。

雙魚座 △

・**和同性的適合度**　你遇到困難時，雙魚座會全部予以協助。不要忽視他給你的恩惠與幫助。

・**和前輩、晚輩的適合度**　前輩的過於神經質，讓你覺得難以溝通，但他也很溫柔。晚輩是幫助人會感到快樂的類型，他會提供你各種協助。

處女座

白羊座 ○

・**和同性的適合度**　對方是凡事一想到就往前衝的類型，很難配合你的步調，會讓你頭痛。

・**和前輩、晚輩的適合度**　前輩採取訓話方式得到效果。晚輩很難溝通。

金牛座 ◉

・**和同性的適合度**　不管在學習或工作上，都是能互助合作的夥伴，只不過對方不喜歡膩在一起，要注意。

・**和前輩、晚輩的適合度**　前輩通常都很穩重，不管發生什麼事都很嘮叨。晚輩頑固，注重自我步調，很難和他人配合。

雙子座 ×

・**和同性的適合度** 雙子座頭腦動得快，思考先於行動，可說和你完全不同，你們很難成為好的合作夥伴。

・**和前輩、晚輩的適合度** 前輩喜歡依自己意志行動，你不須勉強配合。和晚輩只要有共同興趣，就能深入交往。

巨蟹座 ◎

・**和同性的適合度** 他一旦和你成為好朋友，就會把你看成自己人。你如果和別人親近，背叛他，就會有很大的問題了。稍微保持距離交往較適當。

・**和前輩、晚輩的適合度** 前輩可說是情緒易變的人，十分感情用事，容易被孤立，這時你要加以支援。晚輩有困難時，你要伸出援手。

獅子座 ○

・**和同性的適合度** 獅子座是能夠依賴、會照顧人的類型，要特別注意，

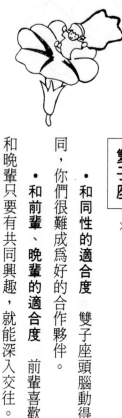

他不喜歡別人態度自大。

・**和前輩、晚輩的適合度**　前輩很外向，笑臉常開，別人只要稍微誇獎，心情就很愉快。晚輩喜歡讓自己很突出，是較不易掌控的人。

處女座 ◎

・**和同性的適合度**　兩人能互相理解，不須防備，交往起來很愉快。即使有爭吵，不愉快的事也轉眼即逝。

・**和前輩、晚輩的適合度**　前輩態度優閒，但很在意被指出缺點，這點要特別注意。晚輩很在意細微末節。

天秤座 △

・**和同性的適合度**　天秤座富社交性，不管任何事都能掌握要領。和他在一起，較有損於你。

・**和前輩、晚輩的適合度**　前輩只要事情開始做了，就會持續下去。較沒耐性的晚輩會造成你的困擾。

天蠍座 ◎

・**和同性的適合度** 天蠍座給人秘密主義、難以交往的印象，一旦交往了，你會覺得並非如此，所以重要的是互相了解。

・**和前輩、晚輩的適合度** 前輩是很難表現內心的人。晚輩具敏銳觀察力，讓人意外。

射手座 ×

・**和同性的適合度** 射手座在別人有困難時，會給予協助，平常你可能會覺得他一無是處。

・**和前輩、晚輩的適合度** 前輩不管遇到什麼事，都態度明確，讓你有時感到驚訝。晚輩較易焦躁，不穩重，你必須在其背後支援。

摩羯座 ◉

・**和同性的適合度** 彼此都是努力的人，不允許行事粗率，遇事馬上行動，溝通良好。

・和前輩、晚輩的適合度　前輩是認眞的人。晚輩較消極，了解他必須花時間。

水瓶座 △

・和同性的適合度　知性派水瓶座的想法和知識，很值得你學習。

・和前輩、晚輩的適合度　和前輩步調不同會產生摩擦。晚輩的自我意識太強，讓你欲哭無淚。

雙魚座 ◎

・和同性的適合度　雙魚座同情心強，看到別人有困難，絕不會置之不理。得到他的幫忙，不要忘記表示感謝。

・和前輩、晚輩的適合度　前輩很溫和體貼，你會很意外地發現他是好惡分明的人。晚輩喜歡幫助人，令人喜愛，他若信賴你就會爲你盡力。

天秤座

白羊座 ◎

•**和同性的適合度**　不管任何特性的人都能與之配合，尤其是和充滿活力的白羊座，更是很好的組合。

•**和前輩、晚輩的適合度**　前輩指導能力強，精力充沛，充滿魅力。晚輩也是很努力的類型。

金牛座 △

•**和同性的適合度**　金牛座不管遇到什麼困難都不會出聲，會以自己的能力去超越，值得學習。

•**和前輩、晚輩的適合度**　前輩以自我爲中心，很頑固。晚輩是很努力的人。

雙子座　◉

・**和同性的適合度**　兩人都富社交性，很會說話，可享受愉快氣氛，很快就會成爲夥伴。

・**和前輩、晚輩的適合度**　前輩很有格調，很率性。後輩則不注重他人感覺，會將一切合理化。兩者有時讓人覺得有冷漠之處。

巨蟹座　×

・**和同性的適合度**　巨蟹座熱心學習、工作，顧慮自身安全，和你不適合。

・**和前輩、晚輩的適合度**　前輩讓你感到棘手，你必須找到共同話題。後輩是努力的類型。

獅子座　◎

・**和同性的適合度**　獅子座喜歡一流事物，外向豪放，自我表現慾較強，你則擅於交際。你們可以融洽相處。

・**和前輩、晚輩的適合度**　前輩總是一副老大的樣子，容易被煽動。晚輩是希望引起他人注意的人。

處女座 △

・**和同性的適合度**　這是考試前借筆記的最佳對象，很注重細微末節，你的粗率會讓他厭惡。

・**和前輩、晚輩的適合度**　前輩很難溝通，你難以和他交往。晚輩注意細微末節，讓你覺得神經疲憊。

天秤座 ◉

・**和同性的適合度**　天秤座很注意周圍事物，兩人是同樣星座，不須顧慮，可以輕鬆交往。

・**和前輩、晚輩的適合度**　不管是前輩或後輩，你們不在乎上下關係，可以融洽交往。

天蠍座 ○

・**和同性的適合度** 天蠍座乍見之下很乖巧，其實內心充滿熱情，對你來說，這是和你不同的人，你會因興趣而和他接近。不過，你們的適合度不佳。

・**和前輩、晚輩的適合度** 前輩是向著目標努力行動的人，有許多值得學習之處。看到過於慎重的晚輩，應該伸出援手。

射手座 ◎

・**和同性的適合度** 射手座很開朗，不會拘泥話題，和他在一起很愉快。

・**和前輩、晚輩的適合度** 前輩有些地方讓你覺得冷漠，但也是靈巧的社交家。晚輩會說出很多藉口，讓你有點頭痛。

摩羯座 ×

・**和同性的適合度** 摩羯座的向上心和有耐性是你所做不到的，但不擅於

人際關係。若過度強調優越感，可能會造成問題。

•**和前輩、晚輩的適合度**　前輩是非常嚴謹的人，或許你會覺得無趣。晚輩不會表現感情，經常一副撲克牌臉。

水瓶座 ◉

•**和同性的適合度**　水瓶座是知性派，非常率直，有大夢想，也很注重現實，擁有你欠缺的特點，讓你很憧憬。

•**和前輩、晚輩的適合度**　前輩適合度高，或多或少會嬌寵你。此外，後輩藉口很多，你要靈巧應對。

雙魚座 ○

•**和同性的適合度**　雙魚座喜歡照顧人，這是令人安心的交往。

•**和前輩、晚輩的適合度**　對待前輩要小心，不要造成情感上的刺激。晚輩對自己信賴的人會奉獻自己，所以首先要建立信賴關係。

天蠍座

白羊座　△

•**和同性的適合度**　情緒低落時，可以找精力充沛的白羊座談話，讓他的活力分給你。

•**和前輩、晚輩的適合度**　前輩很囉嗦，但性格很爽朗。晚輩較焦躁不穩重，讓他遵從指示，就能發揮效用。

金牛座　◎

•**和同性的適合度**　金牛座步調很緩慢，但很努力，有耐性，對你有正向幫助。

•**和前輩、晚輩的適合度**　前輩不謹慎又欠缺融通性，對你的一舉一動都很注意。和晚輩間若無情感上的誤會，就不需要擔心。

雙子座 ○

・**和同性的適合度**　兩者大多會錯失時機，很難愉快交談，在一起只會感到疲累。

・**和前輩、晚輩的適合度**　前輩乍見之下有點輕浮，其實十分嚴謹。晚輩很容易流露感情。

巨蟹座 ◉

・**和同性的適合度**　兩者都較內斂，有自我主張。內心的激烈熱情也是兩者共同都有的。

・**和前輩、晚輩的適合度**　前輩很有自信，喜歡照顧人，對你很好。晚輩較能體貼人，讓人安心，是很好的來往對象。

獅子座 ×

・**和同性的適合度**　獅子座乍見之下很傲慢，但若要依賴他，他是不會拒絕的。

·**和前輩、晚輩的適合度**　前輩活潑大方。晚輩十分固執己見，但不須憎惡他。

處女座　◎

·**和同性的適合度**　處女座很羅曼蒂克，任何事都注意氣氛。若是你能和他配合，相處起來會很愉快。

·**和前輩、晚輩的適合度**　前輩注重細微末節，如果觸怒他就麻煩了，要能控制言行舉止。晚輩是會仰慕你的人。

天秤座　○

·**和同性的適合度**　天秤座品味佳、話題豐富、很會說話，和他在一起很快樂，但僅止於表面交往，很難親近。

·**和前輩、晚輩的適合度**　前輩很溫柔，若不了解他的眞心，會覺得寂寞。晚輩很開朗，性情不穩。

天蠍座　◎

‧和同性的適合度　天蠍座不善於表現自我，觀察力銳利，責任感強，和你性情相合，很適合。

‧和前輩、晚輩的適合度　一開始覺得和前輩格格不入，經過幾次談話就可以融洽相處。晚輩善於傾聽。

射手座　△

‧和同性的適合度　射手座感情表現過於直接，讓你覺得難以交往。讓他擔任團體的領導者，是不錯的組合。

‧和前輩、晚輩的適合度　前輩較任性，要會靈巧應對。晚輩性情不穩定，不要帶著他到處跑。

摩羯座　◎

‧和同性的適合度　摩羯座不喜歡半途而廢，做事認眞，彼此能理解對方

的優點，互相配合步調。

・**和前輩、晚輩的適合度**　前輩不喜歡別人干涉，所以最好注意禮節，保持適當距離。晚輩很努力，值得信賴。

水瓶座　×

・**和同性的適合度**　水瓶座很重視朋友，和他在一起不覺得累，但彼此還是有無法容忍之處。

・**和前輩、晚輩的適合度**　前輩非常自我，若有不滿也要稍加抑制。不要把自己的想法強加於晚輩。

雙魚座　◉

・**和同性的適合度**　雙魚座較內向、會顧慮他人，許多時候都會受到他的幫助。

・**和前輩、晚輩的適合度**　前輩、後輩都善於顧慮他人感覺，能有良好關係。

射手座

白羊座 ◉

・**和同性的適合度**　兩者在一起，都能充分發揮自我。不過，兩者也都是易熱易冷的類型。

・**和前輩、晚輩的適合度**　前輩較單純，配合其步調行動較輕鬆。晚輩較沒耐性，不要觸怒他。

金牛座 ○

・**和同性的適合度**　有行動力、焦躁的你，會讓金牛座覺得焦慮。這個組合比較不適合。

・**和前輩、晚輩的適合度**　前輩在你急躁時會讓你很棘手。配合對方步調，就能長久交往。晚輩很頑固，對應上要慎重。

雙子座 ◎

・**和同性的適合度**　雙子座很會講話，頭腦轉得快，充滿魅力。他是能容忍你的任性，了解你的優點的人。

・**和前輩、晚輩的適合度**　前輩心情好時，能讓你信賴。晚輩會在緊要關頭提供援助。

巨蟹座 △

・**和同性的適合度**　這是感情激烈的人，只要受到你的敬愛，就會爲你盡力。其個性很容易了解。

・**和前輩、晚輩的適合度**　和前輩吵架你一定輸，不要造成前輩反感，要靈巧應對。晚輩情緒較不穩定，有時讓你很頭痛。

獅子座 ◉

・**和同性的適合度**　獅子座具強烈張力、充滿活力，和他在一起也跟著活

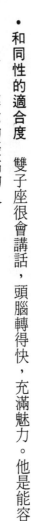

力十足，吵過架馬上就忘了。

•**和前輩、晚輩的適合度**　前輩性格激烈，易受眼淚軟化，有困難時可訴諸以情。晚輩頑固傲慢無趣。

處女座　×

•**和同性的適合度**　處女座是要求正確性的完美主義者，很神經質，和他在一起你會覺得太迂腐，難以交往。

•**和前輩、晚輩的適合度**　前輩難以溝通。要讓晚輩的長處充分發展，誇獎他，讓他有自信，就能提高他的能力。

天秤座　◎

•**和同性的適合度**　天秤座很開朗、話題豐富、會說話，和他在一起很愉快。此外，你也可以從他那裡得到必要的消息。

•**和前輩、晚輩的適合度**　前輩會指引你，你不知不覺就跟著他的步調走。晚輩小氣的地方絕不會讓你看到，很會享受人生之樂。

天蠍座 △

・**和同性的適合度** 競爭心一經點燃，天蠍座超強的個性及耐力，會讓你感到驚訝！你和他適合度不很好，萬一產生衝突很麻煩。

・**和前輩、晚輩的適合度** 前輩是很直的人，心情不好的話，可能會歇斯底里地發作。晚輩有其習性，能靈巧地和他交往。

射手座 ◉

・**和同性的適合度** 射手座不固執、很開朗，是容易交往的類型，能互助合作。

・**和前輩、晚輩的適合度** 不管前輩、晚輩，動作都很迅速，具有行動要領。有問題時，一經對方處理，就變得輕鬆很多。

摩羯座 ○

・**和同性的適合度** 不管任何事，摩羯座都以自己的步調進行，讓你很意

外。你們的適合度還不錯。

・**和前輩、晚輩的適合度**　前輩心情不好時，不要惹他。晚輩很頑固，很難勸解。

水瓶座　◎

・**和同性的適合度**　這是討厭被束縛的自由人。你會在乎周圍人的眼光，水瓶座則完全不管。

・**和前輩、晚輩的適合度**　前輩較自我，想法獨特有趣。晚輩批判精神過度，有時你覺得很頭痛。

雙魚座　×

・**和同性的適合度**　雙魚座很體貼，你有困難時，他會奉獻自己，這雖值得感謝，但有時太體貼會有沈重感。

・**和前輩、晚輩的適合度**　前輩很體貼、很會照顧人，易於交往。晚輩個性纖細，很容易受傷。不要太過感性。

摩羯座

白羊座 ×

・**和同性的適合度** 白羊座喜歡在別人之上，自尊過高，是你較難交往的對象。

・**和前輩、晚輩的適合度** 前輩會造成騷動。晚輩較不穩重，常因突發狀況而失敗，必須收拾殘局。

金牛座 ◉

・**和同性的適合度** 兩者都是優閒類型，交往後會發現不需太配合對方步調，成爲長期交往的好朋友。

・**和前輩、晚輩的適合度** 了解優閒的步調，就能和前輩長久持續交往。向晚輩借東西要儘快償還。

雙子座 △

•和同性的適合度　雙子座才能豐富，但不會炫耀，此外，富社交性且個性溫和，令人對他懷有好感。

•和前輩、晚輩的適合度　前輩具豐富服務精神。不要等待，你要先採取行動。晚輩較善變，你對任何事都要確認。

巨蟹座 ◎

•和同性的適合度　巨蟹座在意輸贏，一旦有競爭意識就很麻煩。彼此若能互相幫助，就能成爲朋友。

•和前輩、晚輩的適合度　前輩喜歡照顧人。受人照顧，不可忘了感謝。對待晚輩，只要稍微誇獎他的家人，他就會非常高興。

獅子座 ○

•和同性的適合度　獅子座自我表現慾強，喜歡爲人師表，若配合其步調

可得到各種幫助。你可稍微退讓一點。

•和前輩、晚輩的適合度　前輩是單純明快的人，掌握領導權時心情很好。晚輩常常一副老大的態度，但在緊要關頭，是可依賴的人。

處女座　◉

•和同性的適合度　處女座學習認眞，和你有很多共同點，可以成爲好朋友，長久交往。

•和前輩、晚輩的適合度　前輩非常安穩，具敏銳批判力，有時他嘴裡不講，但對你明顯地很不滿。晚輩責任感強，注意細微末節。

天秤座　×

•和同性的適合度　你不擅人際關係，對方也一樣，若要親近，必須常打招呼。

•和前輩、晚輩的適合度　可以和前輩商談，他會給你幫助。晚輩人還不錯，但缺乏行動力。

天蠍座 ◎

・**和同性的適合度**　乍見之下難以交往，但交談後會慢慢親近，愈交往愈了解對方優點。

・**和前輩、晚輩的適合度**　前輩行動力較差，你要在後面予以支援。晚輩動作較遲鈍，你會非常焦慮，和他交往你必須稍有耐性。

射手座 ○

・**和同性的適合度**　兩人性格、想法不同，但射手座是消息大王，在你有困難時，會提供各種幫助。

・**和前輩、晚輩的適合度**　前輩爲運動家，所以要從運動著手溝通。晚輩很焦躁，要多配合他。

摩羯座 ◉

・**和同性的適合度**　兩者是個性堅實的人，能彼此了解，可以成爲有力的

合作對象，長久交往。

・**和前輩、晚輩的適合度**　前輩對任何事都很嚴謹，不會勉強別人。晚輩工作認真，有助於你。

水瓶座　△

・**和同性的適合度**　水瓶座開朗、富社交性，不過你們很難親近。

・**和前輩、晚輩的適合度**　前輩很任性，不要反駁他。期待晚輩擔待你是不可能的，就讓他自由發揮。

雙魚座　◎

・**和同性的適合度**　兩者能互補不足之處，可取得平衡。雙魚座可接受你的頑固。

・**和前輩、晚輩的適合度**　前輩責任感強，直到最後都不會因遇到困難而放棄，會一直保持合作，你也要確實和他合作。晚輩能幫助你，值得信賴。

水瓶座

白羊座 ◎

•**和同性的適合度**　白羊座單純明快，和他在一起，你會感到精力充沛，若不束縛彼此，就能順利交往。

•**和前輩、晚輩的適合度**　前輩稍嫌囉嗦，重要的是擇定時機與之配合。晚輩充滿活力，只要好好配合，也能成爲你的助力。

金牛座 ×

•**和同性的適合度**　對方用心學習、熱心工作，這點能讓你信賴，但和個性強的你似乎並不合適。

•**和前輩、晚輩的適合度**　前輩有時會壓制你的意志，讓你覺得棘手。他讓你在一範圍內活動，你會有壓力，和他來往要懂得要領。你對晚輩無須顧慮。

雙子座 ◉

・**和同性的適合度**　你根本無法了解他在想什麼，兩人都充滿好奇心，談話後覺得頗爲契合，成爲彼此的刺激。

・**和前輩、晚輩的適合度**　前輩覺得你是他的威脅，你的能力會得到發揮。晚輩很靈巧，但太過焦躁，要注意。

巨蟹座 ○

・**和同性的適合度**　巨蟹座很會照顧人，不喜歡冷靜的交往，兩人可能成爲朋友。

・**和前輩、晚輩的適合度**　前輩重視心靈的交往。晚輩即使失敗了，也不要過於責難。

獅子座 ◎

・和同性的適合度　對方很外向，你覺得很有新鮮感。

・和前輩、晚輩的適合度　外交辭令在前輩身上很能發揮作用，你要多選用一些誇獎的話。晚輩年紀雖然比你小，但不可以粗暴言語對之，這是禁忌。

處女座　△

・和同性的適合度　處女座有堅實的人生觀，處世嚴謹，或許欠缺趣味，你們並非很適合的組合。

・和前輩、晚輩的適合度　前輩十分注重完美，讓你覺得很無聊。晚輩對任何事都追求成功的性格讓你不平不滿，不過，你要以寬容之心對待他。

天秤座　◉

・和同性的適合度　天秤座易於與人親近，善於傾聽，很快就能融洽相處。你們的適合度很好，可以長期交往。

・和前輩、晚輩的適合度　不管是前輩或後輩，都很注重協調，很少產生問題，可以安心交往。

天蠍座　×

・**和同性的適合度**　天蠍座現實性強，耐力也很強。他有很多地方都是你無法接受的。

・**和前輩、晚輩的適合度**　前輩很少開口，你認爲他很了不起，常常覺得緊張。晚輩似乎是難以自己採取行動的人。

射手座　◎

・**和同性的適合度**　對方好奇心強，兩人很適合，而且個性也都很開放，所以你和射手座是很好的組合。

・**和前輩、晚輩的適合度**　重思考的前輩和以行動爲主的晚輩。兩者必須能互相配合。

摩羯座　△

・**和同性的適合度**　摩羯座有很強的耐力，對學習和工作都很熱心，有許

多值得學習之處。

・**和前輩、晚輩的適合度**　前輩很謹慎，交往時可能讓你覺得疲倦。晚輩責任感強，非常忠實，可以放心交往。

水瓶座 ◉

・**和同性的適合度**　不管任何事，你們意見都一致，易於交往。兩人都很重視友情，能長期交往。

・**和前輩、晚輩的適合度**　前輩充滿知性又率性，會盡力教你。晚輩是自由奔放的類型，有時不太講理由。

雙魚座 ○

・**和同性的適合度**　雙魚座很纖細，和具積極批判精神的水瓶座，在感受性上的差異很明顯，所以難以親近。

・**和前輩、晚輩的適合度**　遇到困難時，前輩會給予幫助，不要忘了懷抱感謝之心。若能對晚輩適當誇獎，就能產生良好效用。

雙魚座

白羊座 △

・**和同性的適合度**　白羊座精力充沛、行動積極，很難和步調優閒的你安靜下來談話。

・**和前輩、晚輩的適合度**　不管如何，消極的你得趕上前輩的步調，否則你會趕不上。面對晚輩，不要直接造成感情上的衝突摩擦。

金牛座 ◎

・**和同性的適合度**　雙魚座非常重視自己的生活，對工作很熱情，充滿魅力。處事嚴謹是你們的共同性，可增加信賴感。

・**和前輩、晚輩的適合度**　前輩較保守，常識豐富。晚輩步調較遲緩，不要過於急速。

雙子座 ×

•和同性的適合度 在學習和工作上，對方會教導訣竅，予以協助。

•和前輩、晚輩的適合度 前輩或晚輩看起來都很開朗，但其實也都是感覺纖細的人，比較善變，交往上較頭痛，最好保持一點距離，否則很難持續。

巨蟹座 ◉

•和同性的適合度 兩者都很能爲他人著想，在一起不覺得疲倦，能愉快相處。

•和前輩、晚輩的適合度 前輩善於照顧人，很體貼。對晚輩只要多加體貼，就有良好作用。他是喜怒哀樂激烈的類型，盡量避免情感上的刺激。

獅子座 △

•和同性的適合度 獅子座活動性強，喜歡引人注意，對你來說充滿魅力，但兩者性格可說完全不同，最後會讓你非常疲憊。

‧和前輩、晚輩的適合度　前輩是以自我爲中心的類型，有時太過霸道，讓你很生氣。晚輩好的地方你要能加以認同，好好地對待他。

處女座 ◎

‧和同性的適合度　處女座和雙魚座的共同點，就是很纖細、易受傷。處女座會全心幫助自己喜歡的人，是個可信賴的對象。

‧和前輩、晚輩的適合度　前輩較囉嗦，但很能爲你著想，你最好能傾聽他的意見。晚輩藉口較多，但應該是一位好助手。

天秤座 ○

‧和同性的適合度　這是注重關係調和的人，若能得到他的幫助，對你是一大助力。他和你的適合度還不錯。

‧和前輩、晚輩的適合度　不管如何，前輩並非明確之人，你要尊重他說的話。晚輩的步調若能加以配合，就能夠融洽相處。

天蠍座 ◉

・**和同性的適合度**　這是洞察力很優異的人，知道你們有許多共同點，很容易交往，在一起不會覺得累。

・**和前輩、晚輩的適合度**　前輩若能接受你，就會提供幫助。若對晚輩好一點，則緊急之時，他就會加以支援。

射手座 ×

・**和同性的適合度**　在你眼中，覺得射手座不錯，充滿魅力，但不久就會發覺沒有共同點，結果最後覺得談不下去。

・**和前輩、晚輩的適合度**　交往之後很意外地，前輩會積極地接近你。晚輩討厭沒有內容的話題。

摩羯座 ◎

・**和同性的適合度**　摩羯座很努力，對學習和工作都很認眞，不能以半途而廢的態度對待他。

•和前輩、晚輩的適合度　前輩對無謂的閒聊覺得浪費時間，要注意時間、地點、場合。晚輩要敞開心胸，和他交往很辛苦。

水瓶座 ○

•和同性的適合度　水瓶座對人很好，和他交往沒有壓力。但他外表看來不易接近，要多用點心。

•和前輩、晚輩的適合度　前輩很重視私人時間，盡量避免公私混淆。晚輩很爽快，易於交往，但要注意別太黏。

雙魚座 ◉

•和同性的適合度　雙魚座對待他人的事優於自己的事，你們互相了解，易於交往。

•和前輩、晚輩的適合度　有困難時，前輩不會置之不理，會常去照顧你。晚輩很順從，但不要忘了表示你的感謝。

大展出版社有限公司　圖書目錄

地址：台北市北投區(石牌)　　電話：(02)28236031
致遠一路二段12巷1號　　28236033
郵撥：0166955～1　　傳真：(02)28272069

・法律專欄連載・電腦編號 58

台大法學院　法律學系／策劃
法律服務社／編著

1. 別讓您的權利睡著了 1		200元
2. 別讓您的權利睡著了 2		200元

・秘傳占卜系列・電腦編號 14

1. 手相術	淺野八郎著	180元
2. 人相術	淺野八郎著	180元
3. 西洋占星術	淺野八郎著	180元
4. 中國神奇占卜	淺野八郎著	150元
5. 夢判斷	淺野八郎著	150元
6. 前世、來世占卜	淺野八郎著	150元
7. 法國式血型學	淺野八郎著	150元
8. 靈感、符咒學	淺野八郎著	150元
9. 紙牌占卜學	淺野八郎著	150元
10. ESP超能力占卜	淺野八郎著	150元
11. 猶太數的秘術	淺野八郎著	150元
12. 新心理測驗	淺野八郎著	160元
13. 塔羅牌預言秘法	淺野八郎著	200元

・趣味心理講座・電腦編號 15

1. 性格測驗① 探索男與女	淺野八郎著	140元
2. 性格測驗② 透視人心奧秘	淺野八郎著	140元
3. 性格測驗③ 發現陌生的自己	淺野八郎著	140元
4. 性格測驗④ 發現你的真面目	淺野八郎著	140元
5. 性格測驗⑤ 讓你們吃驚	淺野八郎著	140元
6. 性格測驗⑥ 洞穿心理盲點	淺野八郎著	140元
7. 性格測驗⑦ 探索對方心理	淺野八郎著	140元
8. 性格測驗⑧ 由吃認識自己	淺野八郎著	160元
9. 性格測驗⑨ 戀愛知多少	淺野八郎著	160元
10. 性格測驗⑩ 由裝扮瞭解人心	淺野八郎著	160元

11. 性格測驗⑪ 敲開內心玄機　淺野八郎著　140元
12. 性格測驗⑫ 透視你的未來　淺野八郎著　160元
13. 血型與你的一生　淺野八郎著　160元
14. 趣味推理遊戲　淺野八郎著　160元
15. 行為語言解析　淺野八郎著　160元

・婦幼天地・電腦編號 16

1. 八萬人減肥成果　黃靜香譯　180元
2. 三分鐘減肥體操　楊鴻儒譯　150元
3. 窈窕淑女美髮秘訣　柯素娥譯　130元
4. 使妳更迷人　成　玉譯　130元
5. 女性的更年期　官舒妍編譯　160元
6. 胎內育兒法　李玉瓊編譯　150元
7. 早產兒袋鼠式護理　唐岱蘭譯　200元
8. 初次懷孕與生產　婦幼天地編譯組　180元
9. 初次育兒12個月　婦幼天地編譯組　180元
10. 斷乳食與幼兒食　婦幼天地編譯組　180元
11. 培養幼兒能力與性向　婦幼天地編譯組　180元
12. 培養幼兒創造力的玩具與遊戲　婦幼天地編譯組　180元
13. 幼兒的症狀與疾病　婦幼天地編譯組　180元
14. 腿部苗條健美法　婦幼天地編譯組　180元
15. 女性腰痛別忽視　婦幼天地編譯組　150元
16. 舒展身心體操術　李玉瓊編譯　130元
17. 三分鐘臉部體操　趙薇妮著　160元
18. 生動的笑容表情術　趙薇妮著　160元
19. 心曠神怡減肥法　川津祐介著　130元
20. 內衣使妳更美麗　陳玄茹譯　130元
21. 瑜伽美姿美容　黃靜香編著　180元
22. 高雅女性裝扮學　陳珮玲譯　180元
23. 蠶糞肌膚美顏法　坂梨秀子著　160元
24. 認識妳的身體　李玉瓊譯　160元
25. 產後恢復苗條體態　居理安・芙萊喬著　200元
26. 正確護髮美容法　山崎伊久江著　180元
27. 安琪拉美姿養生學　安琪拉蘭斯博瑞著　180元
28. 女體性醫學剖析　增田豐著　220元
29. 懷孕與生產剖析　岡部綾子著　180元
30. 斷奶後的健康育兒　東城百合子著　220元
31. 引出孩子幹勁的責罵藝術　多湖輝著　170元
32. 培養孩子獨立的藝術　多湖輝著　170元
33. 子宮肌瘤與卵巢囊腫　陳秀琳編著　180元
34. 下半身減肥法　納他夏・史達賓著　180元
35. 女性自然美容法　吳雅菁編著　180元
36. 再也不發胖　池園悅太郎著　170元

37. 生男生女控制術　中垣勝裕著　220元
38. 使妳的肌膚更亮麗　楊　皓編著　170元
39. 臉部輪廓變美　芝崎義夫著　180元
40. 斑點、皺紋自己治療　高須克彌著　180元
41. 面皰自己治療　伊藤雄康著　180元
42. 隨心所欲瘦身冥想法　原久子著　180元
43. 胎兒革命　鈴木丈織著　180元
44. NS磁氣平衡法塑造窈窕奇蹟　古屋和江著　180元
45. 享瘦從腳開始　山田陽子著　180元
46. 小改變瘦4公斤　宮本裕子著　180元
47. 軟管減肥瘦身　高橋輝男著　180元
48. 海藻精神秘美容法　劉名揚編著　180元
49. 肌膚保養與脫毛　鈴木真理著　180元
50. 10天減肥3公斤　彤雲編輯組　180元
51. 穿出自己的品味　西村玲子著　280元
52. 小孩髮型設計　李芳黛譯　250元

・青春天地・電腦編號17

1. A血型與星座　柯素娥編譯　160元
2. B血型與星座　柯素娥編譯　160元
3. 0血型與星座　柯素娥編譯　160元
4. AB血型與星座　柯素娥編譯　120元
5. 青春期性教室　呂貴嵐編譯　130元
7. 難解數學破題　宋釗宜編譯　130元
9. 小論文寫作秘訣　林顯茂編譯　120元
11. 中學生野外遊戲　熊谷康編著　120元
12. 恐怖極短篇　柯素娥編譯　130元
13. 恐怖夜話　小毛驢編譯　130元
14. 恐怖幽默短篇　小毛驢編譯　120元
15. 黑色幽默短篇　小毛驢編譯　120元
16. 靈異怪談　小毛驢編譯　130元
17. 錯覺遊戲　小毛驢編著　130元
18. 整人遊戲　小毛驢編著　150元
19. 有趣的超常識　柯素娥編譯　130元
20. 哦！原來如此　林慶旺編譯　130元
21. 趣味競賽100種　劉名揚編譯　120元
22. 數學謎題入門　宋釗宜編譯　150元
23. 數學謎題解析　宋釗宜編譯　150元
24. 透視男女心理　林慶旺編譯　120元
25. 少女情懷的自白　李桂蘭編譯　120元
26. 由兄弟姊妹看命運　李玉瓊編譯　130元
27. 趣味的科學魔術　林慶旺編譯　150元
28. 趣味的心理實驗室　李燕玲編譯　150元

29. 愛與性心理測驗	小毛驢編譯	130元
30. 刑案推理解謎	小毛驢編譯	180元
31. 偵探常識推理	小毛驢編譯	180元
32. 偵探常識解謎	小毛驢編譯	130元
33. 偵探推理遊戲	小毛驢編譯	130元
34. 趣味的超魔術	廖玉山編著	150元
35. 趣味的珍奇發明	柯素娥編著	150元
36. 登山用具與技巧	陳瑞菊編著	150元
37. 性的漫談	蘇燕謀編著	180元
38. 無的漫談	蘇燕謀編著	180元
39. 黑色漫談	蘇燕謀編著	180元
40. 白色漫談	蘇燕謀編著	180元

・健康天地・電腦編號 18

1. 壓力的預防與治療	柯素娥編譯	130元
2. 超科學氣的魔力	柯素娥編譯	130元
3. 尿療法治病的神奇	中尾良一著	130元
4. 鐵證如山的尿療法奇蹟	廖玉山譯	120元
5. 一日斷食健康法	葉慈容編譯	150元
6. 胃部強健法	陳炳崑譯	120元
7. 癌症早期檢查法	廖松濤譯	160元
8. 老人痴呆症防止法	柯素娥編譯	130元
9. 松葉汁健康飲料	陳麗芬編譯	130元
10. 揉肚臍健康法	永井秋夫著	150元
11. 過勞死、猝死的預防	卓秀貞編譯	130元
12. 高血壓治療與飲食	藤山順豐著	180元
13. 老人看護指南	柯素娥編譯	150元
14. 美容外科淺談	楊啟宏著	150元
15. 美容外科新境界	楊啟宏著	150元
16. 鹽是天然的醫生	西英司郎著	140元
17. 年輕十歲不是夢	梁瑞麟譯	200元
18. 茶料理治百病	桑野和民著	180元
19. 綠茶治病寶典	桑野和民著	150元
20. 杜仲茶養顏減肥法	西田博著	150元
21. 蜂膠驚人療效	瀨長良三郎著	180元
22. 蜂膠治百病	瀨長良三郎著	180元
23. 醫藥與生活㈠	鄭炳全著	180元
24. 鈣長生寶典	落合敏著	180元
25. 大蒜長生寶典	木下繁太郎著	160元
26. 居家自我健康檢查	石川恭三著	160元
27. 永恆的健康人生	李秀鈴譯	200元
28. 大豆卵磷脂長生寶典	劉雪卿譯	150元
29. 芳香療法	梁艾琳譯	160元

30. 醋長生寶典	柯素娥譯	180 元
31. 從星座透視健康	席拉・吉蒂斯著	180 元
32. 愉悅自在保健學	野本二士夫著	160 元
33. 裸睡健康法	丸山淳士等著	160 元
34. 糖尿病預防與治療	藤田順豐著	180 元
35. 維他命長生寶典	菅原明子著	180 元
36. 維他命 C 新效果	鐘文訓編	150 元
37. 手、腳病理按摩	堤芳朗著	160 元
38. AIDS 瞭解與預防	彼得塔歇爾著	180 元
39. 甲殼質殼聚糖健康法	沈永嘉譯	160 元
40. 神經痛預防與治療	木下真男著	160 元
41. 室內身體鍛鍊法	陳炳崑編著	160 元
42. 吃出健康藥膳	劉大器編著	180 元
43. 自我指壓術	蘇燕謀編著	160 元
44. 紅蘿蔔汁斷食療法	李玉瓊編著	150 元
45. 洗心術健康秘法	竺翠萍編譯	170 元
46. 枇杷葉健康療法	柯素娥編譯	180 元
47. 抗衰血癒	楊啟宏著	180 元
48. 與癌搏鬥記	逸見政孝著	180 元
49. 冬蟲夏草長生寶典	高橋義博著	170 元
50. 痔瘡・大腸疾病先端療法	宮島伸宜著	180 元
51. 膠布治癒頑固慢性病	加瀨建造著	180 元
52. 芝麻神奇健康法	小林貞作著	170 元
53. 香煙能防止癡呆？	高田明和著	180 元
54. 穀菜食治癌療法	佐藤成志著	180 元
55. 貼藥健康法	松原英多著	180 元
56. 克服癌症調和道呼吸法	帶津良一著	180 元
57. B 型肝炎預防與治療	野村喜重郎著	180 元
58. 青春永駐養生導引術	早島正雄著	180 元
59. 改變呼吸法創造健康	原久子著	180 元
60. 荷爾蒙平衡養生秘訣	出村博著	180 元
61. 水美肌健康法	井戶勝富著	170 元
62. 認識食物掌握健康	廖梅珠編著	170 元
63. 痛風劇痛消除法	鈴木吉彥著	180 元
64. 酸莖菌驚人療效	上田明彥著	180 元
65. 大豆卵磷脂治現代病	神津健一著	200 元
66. 時辰療法—危險時刻凌晨 4 時	呂建強等著	180 元
67. 自然治癒力提升法	帶津良一著	180 元
68. 巧妙的氣保健法	藤平墨子著	180 元
69. 治癒 C 型肝炎	熊田博光著	180 元
70. 肝臟病預防與治療	劉名揚編著	180 元
71. 腰痛平衡療法	荒井政信著	180 元
72. 根治多汗症、狐臭	稻葉益巳著	220 元
73. 40 歲以後的骨質疏鬆症	沈永嘉譯	180 元

74. 認識中藥	松下一成著	180元
75. 認識氣的科學	佐佐木茂美著	180元
76. 我戰勝了癌症	安田伸著	180元
77. 斑點是身心的危險信號	中野進著	180元
78. 艾波拉病毒大震撼	玉川重德著	180元
79. 重新還我黑髮	桑名隆一郎著	180元
80. 身體節律與健康	林博史著	180元
81. 生薑治萬病	石原結實著	180元
82. 靈芝治百病	陳瑞東著	180元
83. 木炭驚人的威力	大槻彰著	200元
84. 認識活性氧	井土貴司著	180元
85. 深海鮫治百病	廖玉山編著	180元
86. 神奇的蜂王乳	井上丹治著	180元
87. 卡拉OK健腦法	東潔著	180元
88. 卡拉OK健康法	福田伴男著	180元
89. 醫藥與生活(二)	鄭炳全著	200元
90. 洋蔥治百病	宮尾興平著	180元
91. 年輕10歲快步健康法	石塚忠雄著	180元
92. 石榴的驚人神效	岡本順子著	180元
93. 飲料健康法	白鳥早奈英著	180元
94. 健康棒體操	劉名揚編譯	180元
95. 催眠健康法	蕭京凌編著	180元
96. 鬱金（美王）治百病	水野修一著	180元

・實用女性學講座・電腦編號19

1. 解讀女性內心世界	島田一男著	150元
2. 塑造成熟的女性	島田一男著	150元
3. 女性整體裝扮學	黃靜香編著	180元
4. 女性應對禮儀	黃靜香編著	180元
5. 女性婚前必修	小野十傳著	200元
6. 徹底瞭解女人	田口二州著	180元
7. 拆穿女性謊言88招	島田一男著	200元
8. 解讀女人心	島田一男著	200元
9. 俘獲女性絕招	志賀貢著	200元
10. 愛情的壓力解套	中村理英子著	200元
11. 妳是人見人愛的女孩	廖松濤編著	200元

・校園系列・電腦編號20

1. 讀書集中術	多湖輝著	180元
2. 應考的訣竅	多湖輝著	150元
3. 輕鬆讀書贏得聯考	多湖輝著	150元

4.	讀書記憶秘訣	多湖輝著	150元
5.	視力恢復！超速讀術	江錦雲譯	180元
6.	讀書 36 計	黃柏松編著	180元
7.	驚人的速讀術	鐘文訓編著	170元
8.	學生課業輔導良方	多湖輝著	180元
9.	超速讀超記憶法	廖松濤編著	180元
10.	速算解題技巧	宋釗宜編著	200元
11.	看圖學英文	陳炳崑編著	200元
12.	讓孩子最喜歡數學	沈永嘉譯	180元
13.	催眠記憶術	林碧清譯	180元
14.	催眠速讀術	林碧清譯	180元
15.	數學式思考學習法	劉淑錦譯	200元
16.	考試憑要領	劉孝暉著	180元
17.	事半功倍讀書法	王毅希著	200元
18.	超金榜題名術	陳蒼杰譯	200元

・實用心理學講座・電腦編號 21

1.	拆穿欺騙伎倆	多湖輝著	140元
2.	創造好構想	多湖輝著	140元
3.	面對面心理術	多湖輝著	160元
4.	偽裝心理術	多湖輝著	140元
5.	透視人性弱點	多湖輝著	140元
6.	自我表現術	多湖輝著	180元
7.	不可思議的人性心理	多湖輝著	180元
8.	催眠術入門	多湖輝著	150元
9.	責罵部屬的藝術	多湖輝著	150元
10.	精神力	多湖輝著	150元
11.	厚黑說服術	多湖輝著	150元
12.	集中力	多湖輝著	150元
13.	構想力	多湖輝著	150元
14.	深層心理術	多湖輝著	160元
15.	深層語言術	多湖輝著	160元
16.	深層說服術	多湖輝著	180元
17.	掌握潛在心理	多湖輝著	160元
18.	洞悉心理陷阱	多湖輝著	180元
19.	解讀金錢心理	多湖輝著	180元
20.	拆穿語言圈套	多湖輝著	180元
21.	語言的內心玄機	多湖輝著	180元
22.	積極力	多湖輝著	180元

・超現實心理講座・電腦編號 22

1. 超意識覺醒法	詹蔚芬編譯	130 元
2. 護摩秘法與人生	劉名揚編譯	130 元
3. 秘法！超級仙術入門	陸明譯	150 元
4. 給地球人的訊息	柯素娥編著	150 元
5. 密教的神通力	劉名揚編著	130 元
6. 神秘奇妙的世界	平川陽一著	200 元
7. 地球文明的超革命	吳秋嬌譯	200 元
8. 力量石的秘密	吳秋嬌譯	180 元
9. 超能力的靈異世界	馬小莉譯	200 元
10. 逃離地球毀滅的命運	吳秋嬌譯	200 元
11. 宇宙與地球終結之謎	南山宏著	200 元
12. 驚世奇功揭秘	傅起鳳著	200 元
13. 啟發身心潛力心象訓練法	栗田昌裕著	180 元
14. 仙道術遁甲法	高藤聰一郎著	220 元
15. 神通力的秘密	中岡俊哉著	180 元
16. 仙人成仙術	高藤聰一郎著	200 元
17. 仙道符咒氣功法	高藤聰一郎著	220 元
18. 仙道風水術尋龍法	高藤聰一郎著	200 元
19. 仙道奇蹟超幻像	高藤聰一郎著	200 元
20. 仙道鍊金術房中法	高藤聰一郎著	200 元
21. 奇蹟超醫療治癒難病	深野一幸著	220 元
22. 揭開月球的神秘力量	超科學研究會	180 元
23. 西藏密教奧義	高藤聰一郎著	250 元
24. 改變你的夢術入門	高藤聰一郎著	250 元
25. 21 世紀拯救地球超技術	深野一幸著	250 元

・養 生 保 健・電腦編號 23

1. 醫療養生氣功	黃孝寬著	250 元
2. 中國氣功圖譜	余功保著	250 元
3. 少林醫療氣功精粹	井玉蘭著	250 元
4. 龍形實用氣功	吳大才等著	220 元
5. 魚戲增視強身氣功	宮 嬰著	220 元
6. 嚴新氣功	前新培金著	250 元
7. 道家玄牝氣功	張 章著	200 元
8. 仙家秘傳袪病功	李遠國著	160 元
9. 少林十大健身功	秦慶豐著	180 元
10. 中國自控氣功	張明武著	250 元
11. 醫療防癌氣功	黃孝寬著	250 元
12. 醫療強身氣功	黃孝寬著	250 元
13. 醫療點穴氣功	黃孝寬著	250 元

14. 中國八卦如意功	趙維漢著	180 元
15. 正宗馬禮堂養氣功	馬禮堂著	420 元
16. 秘傳道家筋經內丹功	王慶餘著	280 元
17. 三元開慧功	辛桂林著	250 元
18. 防癌治癌新氣功	郭　林著	180 元
19. 禪定與佛家氣功修煉	劉天君著	200 元
20. 顛倒之術	梅自強著	360 元
21. 簡明氣功辭典	吳家駿編	360 元
22. 八卦三合功	張全亮著	230 元
23. 朱砂掌健身養生功	楊永著	250 元
24. 抗老功	陳九鶴著	230 元
25. 意氣按穴排濁自療法	黃啟運編著	250 元
26. 陳式太極拳養生功	陳正雷著	200 元
27. 健身祛病小功法	王培生著	200 元
28. 張式太極混元功	張春銘著	250 元

・社會人智囊・電腦編號 24

1. 糾紛談判術	清水增三著	160 元
2. 創造關鍵術	淺野八郎著	150 元
3. 觀人術	淺野八郎著	180 元
4. 應急詭辯術	廖英迪編著	160 元
5. 天才家學習術	木原武一著	160 元
6. 貓型狗式鑑人術	淺野八郎著	180 元
7. 逆轉運掌握術	淺野八郎著	180 元
8. 人際圓融術	澀谷昌三著	160 元
9. 解讀人心術	淺野八郎著	180 元
10. 與上司水乳交融術	秋元隆司著	180 元
11. 男女心態定律	小田晉著	180 元
12. 幽默說話術	林振輝編著	200 元
13. 人能信賴幾分	淺野八郎著	180 元
14. 我一定能成功	李玉瓊譯	180 元
15. 獻給青年的嘉言	陳蒼杰譯	180 元
16. 知人、知面、知其心	林振輝編著	180 元
17. 塑造堅強的個性	坂上肇著	180 元
18. 為自己而活	佐藤綾子著	180 元
19. 未來十年與愉快生活有約	船井幸雄著	180 元
20. 超級銷售話術	杜秀卿譯	180 元
21. 感性培育術	黃靜香編著	180 元
22. 公司新鮮人的禮儀規範	蔡媛惠譯	180 元
23. 傑出職員鍛鍊術	佐佐木正著	180 元
24. 面談獲勝戰略	李芳黛譯	180 元
25. 金玉良言撼人心	森純大著	180 元
26. 男女幽默趣典	劉華亭編著	180 元

27. 機智說話術　劉華亭編著　180元
28. 心理諮商室　柯素娥譯　180元
29. 如何在公司崢嶸頭角　佐佐木正著　180元
30. 機智應對術　李玉瓊編著　200元
31. 克服低潮良方　坂野雄二著　180元
32. 智慧型說話技巧　沈永嘉編著　180元
33. 記憶力、集中力增進術　廖松濤編著　180元
34. 女職員培育術　林慶旺編著　180元
35. 自我介紹與社交禮儀　柯素娥編著　180元
36. 積極生活創幸福　田中真澄著　180元
37. 妙點子超構想　多湖輝著　180元
38. 說NO的技巧　廖玉山編著　180元
39. 一流說服力　李玉瓊編著　180元
40. 般若心經成功哲學　陳鴻蘭編著　180元
41. 訪問推銷術　黃靜香編著　180元
42. 男性成功秘訣　陳蒼杰編著　180元
43. 笑容、人際智商　宮川澄子著　180元
44. 多湖輝的構想工作室　多湖輝著　200元
45. 名人名語啟示錄　喬家楓著　180元
46. 口才必勝術　黃柏松編著　220元
47. 能言善道的說話術　章智冠編著　180元
48. 改變人心成為贏家　多湖輝著　200元
49. 說服的ＩＱ　沈永嘉譯　200元
50. 提升腦力超速讀術　齊藤英治著　200元
51. 操控對手百戰百勝　多湖輝著　200元

・精 選 系 列・電腦編號 25

1. 毛澤東與鄧小平　渡邊利夫等著　280元
2. 中國大崩裂　江戶介雄著　180元
3. 台灣・亞洲奇蹟　上村幸治著　220元
4. 7-ELEVEN 高盈收策略　國友隆一著　180元
5. 台灣獨立（新・中國日本戰爭一）　森詠著　200元
6. 迷失中國的末路　江戶雄介著　220元
7. 2000年5月全世界毀滅　紫藤甲子男著　180元
8. 失去鄧小平的中國　小島朋之著　220元
9. 世界史爭議性異人傳　桐生操著　200元
10. 淨化心靈享人生　松濤弘道著　220元
11. 人生心情診斷　賴藤和寬著　220元
12. 中美大決戰　檜山良昭著　220元
13. 黃昏帝國美國　莊雯琳譯　220元
14. 兩岸衝突（新・中國日本戰爭二）　森詠著　220元
15. 封鎖台灣（新・中國日本戰爭三）　森詠著　220元
16. 中國分裂（新・中國日本戰爭四）　森詠著　220元

17. 由女變男的我　虎井正衛著　200 元
18. 佛學的安心立命　松濤弘道著　220 元
19. 世界喪禮大觀　松濤弘道著　280 元
20. 中國內戰（新・中國日本戰爭五）　森詠著　220 元
21. 台灣內亂（新・中國日本戰爭六）　森詠著　220 元
22. 琉球戰爭①（新・中國日本戰爭七）　森詠著　220 元
23. 琉球戰爭②（新・中國日本戰爭八）　森詠著　220 元

・運動遊戲・電腦編號 26

1. 雙人運動　李玉瓊譯　160 元
2. 愉快的跳繩運動　廖玉山譯　180 元
3. 運動會項目精選　王佑京譯　150 元
4. 肋木運動　廖玉山譯　150 元
5. 測力運動　王佑宗譯　150 元
6. 游泳入門　唐桂萍編著　200 元

・休閒娛樂・電腦編號 27

1. 海水魚飼養法　田中智浩著　300 元
2. 金魚飼養法　曾雪玫譯　250 元
3. 熱門海水魚　毛利匡明著　480 元
4. 愛犬的教養與訓練　池田好雄著　250 元
5. 狗教養與疾病　杉浦哲著　220 元
6. 小動物養育技巧　三上昇著　300 元
7. 水草選擇、培育、消遣　安齊裕司著　300 元
8. 四季釣魚法　釣朋會著　200 元
9. 簡易釣魚入門　張果馨譯　200 元
10. 防波堤釣入門　張果馨譯　220 元
20. 園藝植物管理　船越亮二著　220 元
40. 撲克牌遊戲與贏牌秘訣　林振輝編著　180 元
41. 撲克牌魔術、算命、遊戲　林振輝編著　180 元
42. 撲克占卜入門　王家成編著　180 元
50. 兩性幽默　幽默選集編輯組　180 元
51. 異色幽默　幽默選集編輯組　180 元

・銀髮族智慧學・電腦編號 28

1. 銀髮六十樂逍遙　多湖輝著　170 元
2. 人生六十反年輕　多湖輝著　170 元
3. 六十歲的決斷　多湖輝著　170 元
4. 銀髮族健身指南　孫瑞台編著　250 元
5. 退休後的夫妻健康生活　施聖茹譯　200 元

・飲食保健・電腦編號 29

1. 自己製作健康茶	大海淳著	220 元
2. 好吃、具藥效茶料理	德永睦子著	220 元
3. 改善慢性病健康藥草茶	吳秋嬌譯	200 元
4. 藥酒與健康果菜汁	成玉編著	250 元
5. 家庭保健養生湯	馬汴梁編著	220 元
6. 降低膽固醇的飲食	早川和志著	200 元
7. 女性癌症的飲食	女子營養大學	280 元
8. 痛風者的飲食	女子營養大學	280 元
9. 貧血者的飲食	女子營養大學	280 元
10. 高脂血症者的飲食	女子營養大學	280 元
11. 男性癌症的飲食	女子營養大學	280 元
12. 過敏者的飲食	女子營養大學	280 元
13. 心臟病的飲食	女子營養大學	280 元
14. 滋陰壯陽的飲食	王增著	220 元
15. 胃、十二指腸潰瘍的飲食	勝健一等著	280 元
16. 肥胖者的飲食	雨宮禎子等著	280 元

・家庭醫學保健・電腦編號 30

1. 女性醫學大全	雨森良彥著	380 元
2. 初為人父育兒寶典	小瀧周曹著	220 元
3. 性活力強健法	相建華著	220 元
4. 30 歲以上的懷孕與生產	李芳黛編著	220 元
5. 舒適的女性更年期	野末悅子著	200 元
6. 夫妻前戲的技巧	笠井寬司著	200 元
7. 病理足穴按摩	金慧明著	220 元
8. 爸爸的更年期	河野孝旺著	200 元
9. 橡皮帶健康法	山田晶著	180 元
10. 三十三天健美減肥	相建華等著	180 元
11. 男性健美入門	孫玉祿編著	180 元
12. 強化肝臟秘訣	主婦の友社編	200 元
13. 了解藥物副作用	張果馨譯	200 元
14. 女性醫學小百科	松山榮吉著	200 元
15. 左轉健康法	龜田修等著	200 元
16. 實用天然藥物	鄭炳全編著	260 元
17. 神秘無痛平衡療法	林宗駛著	180 元
18. 膝蓋健康法	張果馨譯	180 元
19. 針灸治百病	葛書翰著	250 元
20. 異位性皮膚炎治癒法	吳秋嬌譯	220 元
21. 禿髮白髮預防與治療	陳炳崑編著	180 元
22. 埃及皇宮菜健康法	飯森薰著	200 元

23. 肝臟病安心治療　上野幸久著　220 元
24. 耳穴治百病　陳抗美等著　250 元
25. 高效果指壓法　五十嵐康彥著　200 元
26. 瘦水、胖水　鈴木園子著　200 元
27. 手針新療法　朱振華著　200 元
28. 香港腳預防與治療　劉小惠譯　250 元
29. 智慧飲食吃出健康　柯富陽編著　200 元
30. 牙齒保健法　廖玉山編著　200 元
31. 恢復元氣養生食　張果馨譯　200 元
32. 特效推拿按摩術　李玉田著　200 元
33. 一週一次健康法　若狹真著　200 元
34. 家常科學膳食　大塚滋著　220 元
35. 夫妻們關心的男性不孕　原利夫著　220 元
36. 自我瘦身美容　馬野詠子著　200 元
37. 魔法姿勢益健康　五十嵐康彥著　200 元
38. 眼病錘療法　馬栩周著　200 元
39. 預防骨質疏鬆症　藤田拓男著　200 元
40. 骨質增生效驗方　李吉茂編著　250 元
41. 蕺菜健康法　小林正夫著　200 元
42. 赧於啟齒的男性煩惱　增田豐著　220 元
43. 簡易自我健康檢查　稻葉允著　250 元
44. 實用花草健康法　友田純子著　200 元
45. 神奇的手掌療法　日比野喬著　230 元
46. 家庭式三大穴道療法　刑部忠和著　200 元
47. 子宮癌、卵巢癌　岡島弘幸著　220 元
48. 糖尿病機能性食品　劉雪卿編著　220 元
49. 奇蹟活現經脈美容法　林振輝編譯　200 元
50. Super SEX　秋好憲一著　220 元
51. 了解避孕丸　林玉佩譯　200 元
52. 有趣的遺傳學　蕭京凌編著　200 元
53. 強身健腦手指運動　羅群等著　250 元
54. 小周天健康法　莊雯琳譯　200 元
55. 中西醫結合醫療　陳蒼杰譯　200 元
56. 沐浴健康法　楊鴻儒譯　200 元
57. 節食瘦身秘訣　張芷欣編著　200 元

・超經營新智慧・ 電腦編號 31

1. 躍動的國家越南　林雅倩譯　250 元
2. 甦醒的小龍菲律賓　林雅倩譯　220 元
3. 中國的危機與商機　中江要介著　250 元
4. 在印度的成功智慧　山內利男著　220 元
5. 7-ELEVEN 大革命　村上豐道著　200 元
6. 業務員成功秘方　呂育清編著　200 元

7.	在亞洲成功的智慧	鈴木讓二著	220 元
8.	圖解活用經營管理	山際有文著	220 元
9.	速效行銷學	江尻弘著	220 元

・親子系列・電腦編號 32

1.	如何使孩子出人頭地	多湖輝著	200 元
2.	心靈啟蒙教育	多湖輝著	280 元

・雅致系列・電腦編號 33

1.	健康食譜春冬篇	丸元淑生著	200 元
2.	健康食譜夏秋篇	丸元淑生著	200 元
3.	純正家庭料理	陳建民等著	200 元
4.	家庭四川菜	陳建民著	200 元
5.	醫食同源健康美食	郭長聚著	200 元
6.	家族健康食譜	東畑朝子著	200 元

・美術系列・電腦編號 34

1.	可愛插畫集	鉛筆等著	220 元
2.	人物插畫集	鉛筆等著	220 元

・心 靈 雅 集・電腦編號 00

1.	禪言佛語看人生	松濤弘道著	180 元
2.	禪密教的奧秘	葉逯謙譯	120 元
3.	觀音大法力	田口日勝著	120 元
4.	觀音法力的大功德	田口日勝著	120 元
5.	達摩禪 106 智慧	劉華亭編譯	220 元
6.	有趣的佛教研究	葉逯謙編譯	170 元
7.	夢的開運法	蕭京凌譯	180 元
8.	禪學智慧	柯素娥編譯	130 元
9.	女性佛教入門	許俐萍譯	110 元
10.	佛像小百科	心靈雅集編譯組	130 元
11.	佛教小百科趣談	心靈雅集編譯組	120 元
12.	佛教小百科漫談	心靈雅集編譯組	150 元
13.	佛教知識小百科	心靈雅集編譯組	150 元
14.	佛學名言智慧	松濤弘道著	220 元
15.	釋迦名言智慧	松濤弘道著	220 元
16.	活人禪	平田精耕著	120 元
17.	坐禪入門	柯素娥編譯	150 元
18.	現代禪悟	柯素娥編譯	130 元

國家圖書館出版品預行編目資料

12星座論愛情/童筱允編著
——初版，——臺北市，大展，1999〔民88〕
面；21公分，——（命理與預言；58）
ISBN 957-557-953-4（平裝）
1.占星術
292.22 88011959

12星座論愛情 ISBN 957-557-953-4

編 著 者/童 筱 允
發 行 人/蔡 森 明
出 版 者/大展出版社有限公司
社 址/台北市北投區（石牌）致遠一路2段12巷1號
電 話/（02）28236031・28236033
傳 真/（02）28272069
郵政劃撥/01669551
登 記 證/局版臺業字第2171號
承 印 者/高星印刷品行
裝 訂/日新裝訂所
排 版 者/弘益電腦排版有限公司
電 話/（02）27112792
初版1刷/1999年（民88年）11月
初版2刷/2000年（民89年）3月

定 價/ 200元

大展好書 好書大展

大展好書 好書大展